超譯
괴테의 말

CHOYAKU GOETHE NO KOTOBA

Translated by Shigenari KANAMORI & Takeshi NAGAO

Copyright ⓒ 2011 by Seiichi KANAMORI & Takeshi NAGAO

All rights reserved.

First original Japanese edition published by PHP Institute, Inc., Japan.

Korean translation rights arranged with PHP Institute, Inc.

through Shinwon Agency Co.

超譯

괴테의 말

Die schönen Beispiele von Goethes Sprüchen in prosa

요한 볼프강 폰 괴테 지음
가나모리 시게나리·나가오 다케시 엮음
박재현 옮김

samho **MEDIA**

인간을 깊이 탐구한 위대한 작가
괴테의 삶과 사랑의 흔적

18~19세기 독일의 대문호이자, 세계 문학사에도 지대한 영향을 미친 요한 볼프강 폰 괴테Johann Wolfgang von Goethe(1749~1832)는 인류에게 귀감이 되는 소중한 문학 작품을 다수 남겼다. 특히 희곡 《파우스트Faust》와 소설 《젊은 베르터의 고뇌Die Leiden des jungen Werthers》는 현대를 살아가는 우리에게도 널리 알려져 사랑받는 작품이다. 일례로 일본의 만화가 데즈카 오사무는 괴테의 열렬한 팬으로, 젊은 시절 만화가로 데뷔했을 당시와 임종을 앞둔 마지막 해, 두 차례에 걸쳐 《파우스트》를 만화로 그려낸 바 있다.

괴테는 시, 소설, 희곡 등 여러 문학 장르뿐 아니라 예술과 과학, 철학, 식물학에도 조예가 깊었으며, 그 같이 다양한 분야에서 유려하고도 함축적이며 심오한 의미가 담긴 수많은 글을 남겼다.

이 책에는 괴테의 보석 같은 문장 중에서 특히 현대를 살아가는 우리 마음에 울림을 선사하는 246편의 글귀를 엄선해 담았다. 수록된 명구는 독일어 원문을 새롭게 번역하는 작업을 거쳤으며 현대적 감각을 더해 언어를 다소 보완했다. 소설 속 대화는 의미를 유지하면서 '나는~'이라는 주어를 '그것은~' 등으로 바꾼 부분이 있다. 발췌 단락만 보더라도 글에 담긴 메시지를 쉽게 이해할 수 있도록 돕기 위함이다.

독일을 넘어 세계인에게 위대한 작가로 칭송받는 괴테는 과연 어떤 인물이었을까? 그는 일과 작품뿐 아니라 사랑에 있어서도 평생토록 격정적이고 뜨거운 열정을 잃지 않은 사람이었다. 사랑은 그의 창작혼을 불태우는 원동력이기도 했다. 여기서 괴테의 생애와 맞물려 지대한 영향을 미쳤던 그의 뮤즈를 짧게 돌아보자.

괴테는 1749년 독일의 프랑크푸르트 암 마인의 유복한 가정에서 태어났다. 법률가인 괴테의 부친은 아들의 교육에 몹시도 열성적인 사람이었다. 괴테는 그 기대에 부응해 학업 성취가 우수했고, 부친의 바람대로 1765년 열여섯 살이 되던 해에 고향을 떠나 라이프치히대학에서 법학을 공부한다. 이윽고 그는 격렬한 사랑에 빠지는데 상대는 케트헨이라는 여관집 딸로 마을 남자들의 흠모를

한 몸에 받는 여자였다. 그러나 당시 괴테의 사랑이 청년다운 순수한 마음이었던 것에 반면, 그녀는 남자관계가 복잡한 연상의 여자였다. 괴테는 들끓는 질투로 괴로워했고, 결국 마음의 병을 얻어 학업을 중단하고 고향으로 돌아오고 만다.

1770년 스물한 살이 되던 해, 건강을 회복한 그는 스트라스부르대학에 입학해 다시 법학 공부를 이어간다. 이 무렵 그는 다섯 살 연상의 신인 평론가 헤르더Johann Gottfried von Herder(1744~1803)를 만나 문학적으로 지대한 영향을 받는다. 그리스 문학과 셰익스피어를 연구하고 예전부터 해오던 시작詩作에도 한층 힘을 쏟는다. 이 시절 괴테는 목사의 딸 프리데리케라는 청순한 여인과 또 다시 격정적인 사랑에 빠지지만, 이 사랑도 결국 비극으로 끝이 난다. 다만 이번에는 학업을 무사히 마칠 수 있었다.

법학 공부를 마치고 변호사 자격을 취득한 괴테는 아버지의 권유로 베츨라에 있는 제국 고등법원에서 견습생으로 일하게 되는데 그곳에서의 일을 매우 지루해했다. 그리고 그곳에서도 샤를로테 부프라는 여인과 격정적인 사랑에 빠진다. 그러나 그녀는 이미 약혼자가 있었기에 이 사랑 역시도 슬프게 끝나고 만다.

이 같은 아픈 사랑의 경험이 모티프가 되어 탄생한 소설이 《젊은 베르터의 고뇌》다. 1774년 소설을 발표한 괴테는 일약 스타 작가로 급부상한다. 물론 그는 이전부터 본격적으로 집필 활동을 하고 있었다. 《젊은 베르터의 고뇌》를 출간하기 한 해 전인 1773년 발표한 희곡 《괴츠 폰 베를리힝겐Götz von Berlichingen》은 《젊은 베르터의 고뇌》와 함께 문학사에서 '슈투름 운트 드랑Sturm und Drang(질풍노도, 18세기 후반 독일에서 일었던 문학 운동) 시대의 걸작'이라 일컬어진다.

1775년 스물여섯 살이 되던 해, 이미 유럽 최고의 작가로서 이름을 널리 알린 괴테는 바이마르 공국의 카를 아우구스트 대공의 초빙으로 국정에 참여해 뛰어난 정치적 역량을 발휘한다. 이 같은 행로와 더불어 20대 후반부터 30대에 걸쳐 매우 바쁜 삶을 살았다. 사회적으로 높은 지위에 올랐고, 의학을 비롯해 식물학 방면에서도 탁월한 업적을 세웠다. 또한 대작은 아니지만 많은 시를 창작하는 데도 열정을 쏟았다.

1786년 서른일곱이 되던 해에 괴테는 이탈리아로 여행을 떠난다. 무려 3년에 걸친 여정이었다. 여행지에서 보고 듣고 느낀 것들은 그가 대문호로 성장하는 지적·정서적 소양이 되었고, 이때의 경험을 바탕으로 《이탈리아 기행Italianische Reise》을 집필했다.

1788년 바이마르로 돌아온 괴테는 다시 사랑에 빠지게 된다. 상대 크리스티아네 불피우스는 조화를 만드는 공장에서 일하는 평민 신분의 처녀였는데, 괴테보다 열여섯 살이나 어렸다. 괴테는 그녀와 동거를 시작하지만, 문제가 있었다. 그는 과거 바이마르에서 정치가로서 생활하는 동안 자신보다 일곱 살이 많았던 유부녀 샤를로테 폰 슈타인 부인과 깊은 관계를 맺은 바 있었다. 그녀는 누구보다 괴테를 잘 이해하는 사람이었고 다방면에서 괴테를 지원했다. 그러나 괴테가 크리스티아네를 만나면서 슈타인 부인과의 사이가 멀어지게 되었고, 세상 사람들은 그런 괴테를 비난한 것이다.

그럼에도 괴테는 크리스티아네를 고집스럽게 사랑했고, 동거를 시작한 다음 해에 크리스티아네는 아들을 낳았다. 아들이 태어난 5년 뒤인 1794년, 괴테는 열 살 연하의 시인 실러Johann Christoph Friedrich von Schiller(1759~1805)와 친구가 된다. 당시 독일 문학은 괴테와 실러 두 사람의 우정에 의해 확립되었다고 해도 과언이 아니다. 그러나 1805년 괴테가 쉰여섯 살이던 해에 안타깝게도 십년지기 친구 실러가 세상을 떠나게 되고, 괴테의 문학은 이때부터 이른

바 만년의 성숙기로 접어든다. 《파우스트》의 제1부가 완성된 것도 그다음 해이다.

실러가 죽은 이듬해인 1806년, 괴테는 크리스티아네와 정식으로 결혼식을 올렸다. 그녀와 만난 지 무려 18년이라는 세월이 지나서였다. 당시는 나폴레옹 전쟁으로 프랑스군이 독일을 침공했는데, 크리스티아네가 자신의 몸을 던져 집 안으로 들어온 프랑스 병사로부터 괴테를 지켜냈다. 이 일이 알려지자 그녀는 세간의 칭송을 받으며 괴테의 정식 아내로서의 지위를 인정받을 수 있었다.

친구를 떠나보낸 슬픔을 극복하고 크리스티아네를 정처로 맞이하며 마침내 행복한 가정을 꾸린 괴테였지만, 그 후 10년이 지난 1816년, 병으로 그녀를 잃고 만다. 상심 속에 홀로 남겨진 예순일곱 살의 괴테, 하지만 대작가인 그는 정신마저 늙도록 내버려두지 않았다. 문학과 사랑에 그의 대한 열정은 결코 식지 않았던 것이다.

아내를 잃은 지 5년이 지난 1821년에 괴테는 휴양 온천지인 마리엔바트에서 열아홉 살의 울리케를 만나 사랑에 빠진다. 그리고 바이마르 대공을 통해 그녀에게 프러포즈를 한다. 그러나 괴테를 저명한 문학가이자 자상한 노신사로서 대하며 친의를 느꼈던 울리케는 프러포즈를 거절했고, 그는 실의에 빠진다. 하지만 그동안 사랑의 아픔이 그의 문학에서 에너지가 되었듯이, 이후 그는 왕성한 작품 활동을 펼쳤다. 그리고 10년이 지난 1831년 마침내 《파우스트》 제2부를 완성한다.

희곡 《파우스트》의 주인공인 파우스트 박사는 15~16세기에 실존했던 인물로, 그의 기괴하고 사기꾼 같은 언행은 당시 유럽 전역에서 전설처럼 회자되었다. 즉 《파우스트》는 괴테만의 독자적인 아이디어가 아니라 이미 존재했던 인물을 모델로 삼은 것이다. 그러나 괴테에 의해 탄생한 파우스트 박사는 뛰어난 지성을 지녔음에도 좌절과 욕망 속에서 방황하고, 두 여성과 격정적인 사랑을 나누는 매력적인 인물로 그려졌다. 생의 우여곡절 끝에 박사는 결국 자기 실현에 이르며, 실존했던 인물보다 훨씬 깊이 있는 캐릭터로 탄생했다. 그것은 오로지 삶에 대한 깊은 성찰을 바탕으로 상실과 좌절, 절망 속에서도 인간을 끊임없이 탐구하고 사랑한 괴테이기에 창조할 수 있었던 인물상이었다.

과거 유럽에서 파우스트의 전설을 소재로 삼은 문학 작품은 수없이 많았지만, 오늘날 명작으로 회자되는 것은 단연코 괴테의 작품이다. 그리고 《파우스트》가 완성된 이듬해인 1832년 3월 22일, 괴테는 생을 마감했다. 파란만장하고도 많은 결실을 맺은 인생이었다. 향년 여든두 살, 당시로서는 매우 장수했다고 말할 수 있다. 그것은 어쩌면 그가 후세에 남긴 업적에 대한 하늘의 선물이었을지도 모르겠다.

괴테는 사랑에 열정적이었으며 또 그만큼 솔직한 인물이었다. 대학 시절부터 일흔이 넘는 시간까지도 그의 문학적 창작열과 사랑에 대한 열망은 식지 않았다. 그에게 사랑은 단순한 연애 감정이 아닌, 생의 열정을 불어넣는 동시에 작품의 모티프로서 작용한 것이다. 이로써 그는 나이가 들어도 늙지 않는 작가로서의 삶을 살 수 있었다.

이 책을 접하는 독자들도 열정 가득했던 괴테의 삶과 그가 남긴 인간을 향한 메시지를 마음 깊이 느낄 수 있기를 바란다.

가나모리 시게나리·나가오 다케시

CONTENTS

Ⅲ

**세상에
대하여**

IV

인간
관계에
대하여

V

마음에
대하여

VI

삶에
대하여

IX

지성에
대하여

X

사랑에
대하여

JOHANN WOLFGANG VON GOETHE

I

자신에
대하여

JOHANN WOLFGANG VON GOETHE

장신구로
자신을 감출 수는 있어도
바꿀 수는 없다

001

자신의 직감을
믿는다

인간의 감각이 지닌 힘은 명확하고 정직하다. 좋은 것은 '좋다'고 느끼고, 나쁜 것은 '나쁘다'고 느낀다. 그런데도 우리가 때때로 실패하거나 실수하는 까닭은 마음속 깊이 좋다고 느낀 것을 나쁘다고 생각하려 하거나, 나쁘다고 느낀 것을 좋다고 믿으려 하기 때문이다.

감각은 옳았으나 판단이 그릇된 것이다. 이 같은 오판의 기저에는 편견이나 욕심, 허영이라는 어리석음이 있다. '내심 의심스러웠지만, 결국 돈이 될 만한 이야기에 혹해 버렸다……' 이런 식의 후회야말로 자신의 어리석음을 고백하는 셈이다.

◆ 유고

타인을 말할 때
드러나는 것은 자기 자신이다

우리가 '훌륭한 인물'에 대해 이야기할 때 가장 여실히 드러나는 것은 그 자신의 성격이다. 오만한 이는 마치 자신의 성과인 양 말한다. 겸허한 이는 존경의 마음을 자연스럽게 담아 말한다. 어느 쪽이 되었든, 타인을 이야기하면서 실은 자기 자신에 대해 말하고 있다.

◆ 유고

003

불운과 불행의
원인

불운이나 불행의 원인을 따지고 보면, 대개 나 자신에게 그 책임이 있다. 자업자득인 일이 적지 않다. 그것을 깨닫고 사람들 앞에서 과오를 인정할 수 있다면 인생의 달인일 터이다. 예컨대 "내가 심었던 나무뿌리에 걸려 넘어지고 말았지 뭐야."라고 웃으며 말할 수 있는 노련한 산지기처럼.

◆ 유고

004

무슨 일이 있든
나는 나다

눈앞의 무언가가 엄청나게 거대해 보인다면 그것은 분명 위대한 것일 터이다. 그 순간 자신이 난쟁이처럼 느껴진다면 눈앞의 존재에 압도당해 자신감을 잃었기 때문이다. 하지만 정말 내가 난쟁이가 되어 버린 건 아니다. 그저 그렇다고 생각을 했을 뿐.

눈앞에 무엇이 놓여 있든, 나는 나다.

◆ 파우스트

005

내 안의 어두운 마음을
받아들인다

나의 내면을 가만히 들여다보면 평소 자각하지 못했던 '다른 마음'과 마주하게 된다. 평소의 마음이 밝고 건강했다면, 이 마음은 미래에 대한 불안과 어둠에의 충동이 소용돌이치는 마음이다.

이 또한 나의 일면이다. 이를 거짓 없이 솔직하게 받아들이는 것. 그것으로 충분하다.

◆ 젊은 베르터의 고뇌

006

진짜 모습으로
살지 못하는 삶

자신의 개성을 숨기거나 혹은 왜곡한 채 살아가는 이는 '진짜 자신의 삶'을 살고 있지 않다. 그런 자를 본 사람들은 분명 입을 모아 이리 말할 것이다.

"저 이는 머지않아 죽을지 모르겠다. 생명력의 빛이 전혀 느껴지지 않는다."

◆ 선택적 친화력

007

본질은
같다

바다는 '태평양', '대서양', '인도양'과 같이 여러 이름을 가진다. 그러나 그 어디든 '짠물'임에는 변함이 없다. 사람도 그와 같다. 개개인의 이름과 처지는 다르지만 사람인 한 본질은 다르지 않다.

◆ 예술과 고전

008

개성 때문에
파멸하지 마라

사람은 누구나 다른 사람과 구별되는 고유의 특성, 개성이 있다. 개성에서 벗어난 삶을 걸어가는 일은 없다. 그리고 그중에는 개성 때문에 파멸하는 불행한 사람도 있다. 개성이 사회적으로 무독·무해하더라도 당사자에게 치명적인 독이 되기도 한다.

그러나 그 불행이 '절대로 피할 수 없었던 것'이었는지는 쉬이 말하기 어렵다.

◆ 예술과 고전

009

스스로
착각에서 깨어날 수는 없다

누구나 이 세상에서 자기 자신을 가장 중요하게 여긴다. 자신에게만큼은 그 무엇보다 특별한 존재다. 그렇기에 '나는 신의 편애를 받고 있기에 반드시 행복해질 특권이 있다.'라고 여기는 것도 무리는 아니다.

그것이 애처로운 착각임을 깨우쳐 주는 것은 자연의 섭리 혹은 세상의 압력이다. 스스로 깨닫는 일은 거의 없다.

◆ 유고

010

감출 수는 있어도
바꿀 수는 없다

아무리 화려한 가발을 쓰고, 아무리 굽이 높은 구두를 신는다 해도 새로운 사람이 될 수는 없다. 장신구로 자신을 감출 수는 있어도 바꿀 수는 없다.

◆ 파우스트

011

영원한 연극은
없다

현명하지 못한 사람도 마치 현명한 듯이 행동할 수 있다. 성실하지 않은 사람도 성실한 듯이 꾸밀 수 있다. 하지만 그것은 어차피 연기에 지나지 않는다. 그 같은 연극이 오랜 기간 계속되면 무리가 따르기 마련이고 자기 자신이 위태로워진다. 그러니, 무리는 하지 말 것.

◆ 토르콰토 타소

012

파괴자라는
자각

사람은 누구든, 어느 때든 파괴자다. 아무에게도 해를 끼치지 않을 것 같은 한가로운 산책에서조차 수많은 벌레를 짓이긴다. 한 발짝 걸음만으로 공들여 쌓아올린 개미집을 밟아 부수고 그들의 세계를 무덤으로 만들어 버린다.

그런 식으로 '내가 무언가를, 누군가를 괴롭히고 있을지도 모른다'는 사실을 가만히 자각해 보는 거다. 자신감에 가득 찬 사람일수록 더욱 신중히 살펴보라.

◆ 젊은 베르터의 고뇌

013

타인의 평가가
지니는 의미

사람은 자신에게 도움이 되는 사람만을 평가한다. 그런즉 타인의 평가를 기꺼워하는 것은 스스로를 도구로 취급하는 것과 다름없다.

◆ 금언과 성찰

014

무엇을
지킬 것인가

자기 자신을 굳건히 지키는 사람에게는 명예가 주어진다.
주변의 찬사가 쏟아진다. 단, 여기서 관건은 자신의 무엇을
지키는가에 있다. 그리고 주변의 찬사가 진정 자긍심을 가
질 만한 것인지는 또 다른 문제다.

◆ 서동시집

JOHANN WOLFGANG VON GOETHE

Ⅱ

인간에
대하여

JOHANN WOLFGANG VON GOETHE

가장 위험한 것은
적당히 어리석은 자와
적당히 현명한 자,
즉 평범한 인간이다

015

정의를
추구하는 사람

진정으로 정의를 추구하는 사람은 자신의 행동이 옳은가,
옳지 않은가를 늘 염두에 둔다. 하지만 그 행동이 사람들
에게 이해받고 칭찬받을 수 있는가는 신경 쓰지 않는다.

◆ 예술과 고전

016

평범한 사람의
위험성

진정으로 어리석은 자, 진정으로 현명한 자는 세상에 위협이 될 수 없다. 진정 어리석은 자라면 애초에 악의와는 인연이 없고, 진정 현명한 자라면 악의를 이성으로 통제할 수 있기 때문이다.

위험한 것은 적당히 어리석은 자와 적당히 현명한 자, 즉 '평범한 사람'이다. 그들은 마음에 악의가 깃들면 그것을 온전히 억제하지 못한다.

◆ 선택적 친화력

017

사람을 사람답게
만드는 것

사람을 사람답게 만드는 것이 마음만의 문제는 아니다. 여기에는 여러 가지 능력도 필요하다. 그리고 그 능력은 선천적인 것과 후천적 노력으로 얻은 것이 한데 어우러져 형성된다. 그렇기에 어떤 노력도 하지 않고 아무 능력도 가지지 못한 자는 사람다울 수 없는 것이다.

◆ 유고

018

살아있는 것만으로는
만족할 수 없다

원숭이와 인간의 차이는 단 하나다. 인간은 살아가면서 권태를 느끼지만 원숭이는 그렇지 않다는 점이다. 인간은 그저 살아있다는 것만으로는 만족할 수 없다. 이 얼마나 사치스러운 생물인가.

◆ 유고

019

생명의 유한함은
모두에게 공평하다

범인凡人은 뛰어난 재능을 가진 천재를 질투하고, 자신의 재능이 남다르지 않음에 낙담한다.

그러나 두말할 나위 없이, 천재도 언젠가 죽는다. 생명의 유한함은 모두에게 공평하다. 이를 깨닫는 순간 평범한 사람은 천재 역시 저와 다를 바 없는 인간이라는 사실에 안도한다. 위안을 얻는다. 나아가 그를 향한 연민마저 느낀다.

◆ 선택적 친화력

020

사람은 악의에
쉽게 농락당한다

누군가가 의도치 않게 실수를 저지르거나 착각하여 잘못된 이야기를 하면, 누구든 금세 알아차리고 비난을 쏟아낸다. 그러나 악의를 품고 고의로 잘못을 범하거나 거짓말하는 이의 속셈은 대개 눈치채지 못한다.

사람의 눈은 악의에 쉽사리 농락당하는 법이다.

◆ 예술과 고전

021

영원히 변하지 않는
인간의 본질

욕망을 노골적으로 드러내는 자. 자신의 만족만을 추구하는 자. 그리고 평범한 자. 이런 사람들을 부정하지 말라. 그들은 '영원히 변하지 않는 인간의 본질'을 여실히 보여준다. 그렇기에 그들을 부정하는 것은 자신을 포함한 인간 자체를 부정하는 일이 되어 버린다.

◆ 예술과 고전

022

사람은 짊어진 것을
영원히 버리지 못한다

사람은 한 번 짊어진 것을 떨쳐 버릴 수 없다. 비록 떨쳐 버리려 작정이었다 해도, 그것은 여전히 우리 등 위에 얹어져 있다.

◆ 빌헬름 마이스터

023

사람은
타인을 위해 살 수 없다

인간은 본 적도, 알지도 못하는 타인을 위해 살지 못한다.
하물며 함께 있고 싶지 않은 사람을 위해 산다는 건 있을
수 없는 일이다.

◆ 예술과 고전

024

진정으로
소유한다는 것

손에 쥔 것의 진정한 가치를 알지 못한다면, 온전히 '소유했다'고 말할 수 없다. 설령 그것을 마음 내키는 대로 이용할 수 있다고 해도 자신의 소유물이 되지 않는다. 돈을 과시하기 위해 예술품을 사들이는 졸부, 아이의 개성을 이해하려 들지 않고 성적에만 혈안이 된 부모 등이 대개 그러한 유형이다.

◆ 예술과 고전

인간의 권리는
한없이 가치가 높다

피고용인에게 의무를 다하라고 윽박지르면서, 그들의 권리는 인정할 수 없다고 한다면, 그 고용자는 아주 많은 보수를 지불해야 한다. 인간의 권리란 그 끝을 알 수 없을 만큼 가치가 높기에 적당한 보상으로는 도저히 균형을 맞출 수 없다.

◆ 예술과 고전

명령하는 이가
갖출 자격

다른 이에게 명령을 내리는 사람은 합당한 자격을 갖추어야 한다. 그 자격이란, 앞으로 만들어 갈 미래의 모습을 분명히 내다보는 능력이다. 명령하는 이들에게 '당신이 이렇게 하면 미래는 이렇게 될 것이다.'라고 명확히 설명할 수 있어야 한다.

◆ 유고

027

능력 있는 자는
대중과 필연적으로 충돌한다

대중은 유능한 인물을 원한다. 그러나 유능한 인물은 한편으로 대중에게 곤란한 존재이기도 하다. 능력이 출중한 자는 대개 너무도 강한 신념을 지니고 있기 때문이다. 그리고 그들의 강한 신념은 '이대로가 좋다.'라며 현상 유지에 안주하려는 대중의 가치관과 필연적으로 충돌하기 마련이다.

◆ 예술과 고전

갈림길에서
바라는 것

사람들 대다수는 누군가가 나아갈 길을 알려주지 않으면
앞으로 나아가지 못한다. 갈림길 앞에서 스스로 선택해야
하는 순간, 걸음을 멈추고 만다.

◆ 유고

029

지치지 않은
사람

인간의 행동은 모든 것이 '피로'로 귀결된다. 그렇다면 "나는 피곤 따위 모른다."라고 호언하는 자는 진정 행복한 사람일까. 그는 결국 '아무것도 하지 않은 자'이다.

◆ 빌헬름 마이스터

030

오만한 자의
추함

오만한 자는 아는 것을 잘난 체하며 득의양양하게 말한다.
거기서 그치지 않고 모르는 것에 직면해서도 오만한 태도
를 고수한다. 그럼으로써 저는 자존심을 지켰다고 여길지
모르나 실상은 부끄러운 행태의 덧칠이다. 주변으로부터
더욱 거센 경멸을 불러일으킬 뿐이다.

◆ 유고

031

가장 질이 나쁜
도둑

세상의 도둑 중 가장 질이 나쁜 자는 어리석은 사람이다.
그들은 금품을 훔치지는 않는다. 그 대신 귀중한 시간과 유
쾌한 기분을 앗아간다.

◆ 빌헬름 마이스터

032

무력과 지력을 가진
사람들

교양을 갖춘 군인은 군 내부에 그치지 않고 일반 사회에서도 폭넓게 활동하며 여러 방면에서 달콤한 이득을 취한다. 무력과 지력 모두를 겸비한 자는 대개의 자리에서 좋은 대접을 받는다. 물론 그런 이가 사람들의 존경을 받는지는 별개의 문제지만 말이다.

◆ 선택적 친화력

033

누구나 자신의 운명을
들려주길 원한다

책에는 반드시 작가의 체험이 담긴다. 그 체험이란 작가가 피하고 싶어도 피할 수 없었던 운명이다. 사람은 누구나 자신의 운명을 이야기하고 싶은 법이다.

◆ 예술과 고전

034

무의미한
비교

역사학자와 역사소설가 중 누가 더 탁월하게 역사를 말할 것인가. 이런 비교를 하는 자들이 있다. 하지만 그 비교는 무의미하다. 역사학자와 역사소설가는 비유하자면 육상 선수와 격투기 선수의 관계와 같다. 즉 각자가 저마다의 영역에서 영광을 누릴 수 있는 존재다. 겉모습이 비슷하다고 해서 반드시 같은 무대에서 경쟁해야 하는 것은 아니다.

◆ 예술과 고전

035

명언에는
듣는 이의 해석이 담긴다

이른바 '명언'이라 불리는 말들이 예로부터 무수히 전해져
왔다. 그러나 그 명언을 이어받은 후세 사람들은 그 말이
처음 회자된 당시의 진의를 대개 알지 못한다. 그저 제멋대
로의 의미를 그 '명언'에 담아내고 있을 뿐이다.

◆ 빌헬름 마이스터

인간의
본성

죽음, 그 자체를 세상에서 완전히 없앨 수 있다면 누구나 기뻐할 것이다. 이의를 제기하는 자도 없을 것이다. 그러나 인간 세상의 법에서 사형 제도를 없애고자 한다면 사방에서 반대가 터져 나올 것이다. 설령 당대의 권력이 사형 제도를 폐지한다고 해도 언젠가는 기필코 부활할 것이다. 죄인을 증오하고, 생명으로 그 죗값을 치르게 하려는 것은 우리의 본성이다.

◆ 빌헬름 마이스터

037

정직한 사람의
자만

정직한 사람은 자만심이 강하다. 스스로를 현실보다 훨씬 고귀하고 강하다고 여긴다. '나는 거짓말 따위 하지 않고도 살아갈 수 있다.' 같은 자신감이 있기에 정직한 자로 남을 수 있는 것이다.

◆ 유고

지극히
평범한 생각

세상 만사를 자신을 중심으로 생각하는 것은 참으로 이기적이다. 동시에 지극히 평범하다.

◆ 유고

039

가치를 인정하는
기준

사람들이 가치를 인정하는 것은 지금 자신의 삶에 필요한
것들이다. 아무리 아름다울지라도, 아무리 위대할지라도
일상에 실질적 이익을 가져다주지 않으면 가치를 인정하지
않는다. 시간을 초월한 보편적인 가치 따위는 그다음이다.

◆ 빌헬름 마이스터

040

천재에게 고난의 시대는
기회의 다른 이름

고난의 시대에 태어나는 것은 천재에게는 행운이다. 재능을 발휘해 더 나은 세상을 만들 수 있는 영광스러운 무대가 주어지기 때문이다.

◆ 유고

041

탐욕스러운
소망

많은 것을 배우고 알게 되면, 때로 터무니없는 바람을 품게 된다. 바로 '좀 더 많이' 알고 싶다는 바람이 아니라, '전부' 알고 싶다는 바람이다. 그것은 인간이 닿을 수 없는, 터무니없이 탐욕스러운 소망이다.

◆ 파우스트

신사이기 위한
첫 번째 조건

상대를 즐겁게 해주지 못하는 자는 신사라 말할 수 없다.
타인에게 '함께함'의 기쁨을 선사하는 것, 그것이 신사의
첫 번째 조건이다.

◆ 예술과 고전

043

신사가 되는
방법

남자가 훌륭한 신사가 되는 방법은 지극히 간단하다. 바로 좋은 여인을 만나는 것이다. 남자는 좋은 여인 앞에서는 '좋은 사람'인 양 행동하고 싶어 한다. 그처럼 '척하는' 행위가 쌓이고 쌓여 자신도 모르는 사이 진정한 품성으로 다듬어진다.

◆ 선택적 친화력

044

동류의 인간과만
어울릴 수 있다

사람은 자신과 동류의 인간하고만 함께할 수 있다. 자신
보다 높은 수준의 상대와 함께하면 열등감에 시달리고, 낮
은 수준의 상대와 어울리면 만족하지 못해 언짢음을 느
낀다.

그러나 비슷한 수준의 상대를 만난다 해도 결국 시간이 흐
를수록 환멸을 느끼기 마련이다. 못난 부분까지도 자신과
닮은 상대를 지켜보면서 자기 혐오에 빠지기 때문에.

◆ 유고

045

흔히 찾아볼 수 없는
사람

다음 세 부류의 사람을 발견하기란 상당히 어렵다.

하나는 전장에서의 진정한 영웅. 훈장과 영달을 위해서가 아니라 약한 이를 지키기 위해 진심으로 싸우는 전사다.

다른 하나는 광분하는 성인聖人. 성인은 신을 위해 분노하는 일은 있어도 부정적 감정이 극으로 치닫지는 않는다. 따라서 미친 듯이 격노하는 성인이란 본디 있을 리 없다. 있다면 그는 가짜다.

마지막 하나는 절체절명의 위기에 빠졌을 때 나타나는 진정한 친구. 우정은 서로의 안전이 보장될 때만 유효한 관계에 지나지 않는다.

◆ 유고

어리석음의 본보기

어리석은 행위의 본보기를 나열하자면 다음과 같이 말할 수 있다.

어리석은 자를 교육하려는 것. 이보다 어렵고 보상을 기대하기 힘든 일은 없다. 따라서 그에 도전하려는 순간만큼은 현명하지 않다.

현명한 자를 배척하는 것. 눈앞에 있는 현인을 알아보지 못하고 숫제 얼간이로밖에 보지 못하기에 거리낌 없이 배척한다. 그 정도로 사람 보는 눈이 없다면 어쩔 도리가 없다.

어설픈 연설에 감동하는 것. 어설프고 허술한 연설 내용이 좋을 리 없다. 그런 것에 감동했다는 것은 그저 분위기에 휩쓸린 것뿐이다.

신뢰할 수 없는 이에게 자신의 비밀을 털어놓는 것. 비밀이란 자신을 파멸로 이끌 수도 있기에 비밀이다. 그것을 타인에게 알려주는 것은 스스로 파멸을 향해 걸어가는 것과 다름없다.

◆ 유고

047
어리석은 사람의
세 가지 유형

어리석은 사람의 대표적인 유형은 다음 세 가지가 있다.

하나는 교만한 사람이다. 우월감에 잔뜩 도취해 허세를 부리며 타인을 깔본다. 그래서 남들이 자신을 경멸하고 얕잡아 보는 것도 알아차리지 못한다.

다른 하나는 사랑에 미친 사람이다. 사랑 외에 이 세상에 존재하는 다양한 가치는 무엇 하나 알지 못하면서 사랑에 대한 욕망만을 드러낸다. 그 맹목적인 모습은 아름답기보다 살벌하다.

그리고 마지막 하나는 질투에 사로잡힌 사람이다. 질투는 마음의 요소 중에서 가장 추악하다.

◆ 유고

048

행복하고도 애처로운
삶의 방식

적당한 체력, 적당한 재능에 만족하는 사람은 의기양양한 모습으로 즐겁게 살아간다. 그러나 더 강한 힘, 더 큰 능력을 추구하는 자는 거기서 만족하지 못한다. 원하는 것에 다다르지 않아 절망한다.

행복한 것은 전자일 것이다. 그러나 애처로운 것은 어느 쪽일까.

◆ 젊은 베르터의 고뇌

행위의 옳고 그름은
행한 자에 따라 결정된다

사람은 간혹 감정이 격해져 충동적인 행동을 하기도 한다.
그것은 대개 맹렬하되 이성적이지 않으며, 어리석고 헛된
짓이 되기 일쑤다. 하지만 그것이 선한 자가 행한 일이라면
그 역시도 결국엔 올바른 행동으로 귀결된다.

◆ 파우스트

050

치열하게 살면
건방져 보인다

혹자는 젊은이들을 가리켜 태도가 건방지다거나, 요령을 피우며 영악하게 군다고 말한다. 하지만 젊은이가 건방져 보이는 것은 치열하게 살고 있기 때문이다. 영악한 듯 보이는 것은 배움의 기쁨으로 충만해 있기 때문이다.

◆ 파우스트

생동의 감각 속에서
창조력은 자극받는다

인간은 시끌벅적하고 바삐 움직이는 사람들 속에 있을 때 무언가를 창조해 낼 수 있다. 그 떠들썩함이 창조의 영감이 되고, 발판이 되고, 에너지가 되고, 자극이 된다. 마치 삐걱삐걱 요란한 소리를 내며 돌아가는 베틀 옆에 있는 듯한 생동의 감각이 인간의 창조력을 자극한다.

◆ 파우스트

052

세상을 예찬하는
기준

사람은 '나의 이익과 어떤 연관이 있는가'를 기준으로 세상
의 제도를 판단한다. 그렇기에 자신의 주머니를 불릴 수 있
는 세상이라면 '올바른 세상'이라 예찬한다.

◆ 젊은 베르터의 고뇌

053

거장의
조건

거장이라 불리는 사람은 세상의 다양한 제약 속에 놓인다. 아니, 오히려 그 제약을 받아들임으로써 거장이 된다. 세상의 존경과 숭배를 받기 위해서는 세상의 말을 따르고 비위를 맞추지 않으면 안 된다.

◆ 자연과 예술

054

배반도 사랑도
슬프고 어리석다

자신을 사랑한 사람을 이용하고 배신하는 이는 필연코 자멸한다. 하지만 당사자는 파멸 직전까지도 깨닫지 못한다. 한편 사랑하는 이에게 배신당하는 사람은 그 사실을 알고도 기꺼이 연인이 건네는 독배를 들이마신다.

배반하는 것도, 사랑하는 것도 슬프고 어리석다.

◆ 젊은 베르터의 고뇌

따뜻한
추억

불행한 이가 회상하는 과거에는 분명 따뜻하고 빛나는 추억이 있을 것이다. 감옥에 갇힌 죄인이 잠들 때마다 화목한 가정과 상쾌한 바람이 부는 초원, 긍지와 활기로 가득한 일터를 꿈에 그리듯이.

그러나 그것이 진짜 그의 과거일까.

◆ 젊은 베르터의 고뇌

고집 없는
사람은 없다

고집 없는 사람은 없다. 자신이 옳다고 믿는 것은 고집의
표현이다. 그렇기에 선한 사람 또한 고집스럽다.

◆ 금언과 성찰

057

힘 있는 자의
의무

힘을 가진 자는 행동할 의무가 있다. 단지 말하는 것만으로 끝내려 한다면 그것은 비겁한 도피다.

◆ 금언과 성찰

058

인간을
얕보지 마라

신이 보건대 인간은 모두 하찮은 존재이며, 제아무리 현명한 자라 할지라도 결국 신의 발끝에도 미치지 못한다. 종교인은 이리 말한다.

그러나 그것이 정말 진실이라면, 인간이 칠십여 년을 열심히 살아가는 일은 완전한 헛수고가 아닌가. 신을 믿는 자들이여. 인간을 너무 얕보지 마라!

◆ 빌헬름 마이스터

JOHANN WOLFGANG VON GOETHE

Ⅲ

세상에
대하여

JOHANN WOLFGANG VON GOETHE

세상이 위기에 빠졌을 때
도움이 되는 것은
가뭄에 내리는 단비와
진정한 용기다

059

낮과 밤이
있듯이

'태초의 세상은 인간이 원한 바대로 만들어졌을 것이다.' 사람들은 그리 믿는다. 그러나 실제 세상은 바람대로의 밝은 면과 그렇지 않은 어두운 면이 공존한다. 그저 낮과 밤이 있듯이.

◆ 예술과 고전

대자연의
본질

영속하는 대자연의 섭리를 인간의 평범한 나날과 비교하
는 것은 무의미하다. 그런데도 견주려는 자가 있는 것은 대
자연이 지닌 위대한 가치를 이해하지 못하기 때문이다.

단, 그처럼 우매한 사람도 그 본질은 온몸으로 체감한다.
인간은 누구나 배고픔과 목마름을 느끼며, 이는 끊임없이
거듭된다. 그 반복이야말로 영원히 계속되는 대자연의 섭
리다.

◆ 빌헬름 마이스터

061

거짓말쟁이가
칭송받는 모순

대상의 본질을 꿰뚫어 보고 상황에 맞추어 이익이 되는 것
만을 받아들인다. 이 같은 재주를 능히 해낼 수 있는 자는
없다. 인간은 그만한 능력이 없기 때문이다. 그런데도 그것
을 '할 수 있다'라며 태연히 호언하는 거짓말쟁이가 있다.
그리고 사람들은 마치 대단한 위인인 양 그를 칭송한다.

◆ 빌헬름 마이스터

062

진실을 이해하지 못하는 자가
문화를 만들고 있다

무엇에 관해서든 그것이 '이익이 되느냐 아니냐' 하는 이용
가치에만 관심을 두는 사람이 있다. 그런 자가 세상의 진실
을 이해할 수 있을 리 없다.

그러나 우리가 문화 혹은 진보라 부르는 것은 대개 그러한
사람들이 만들어낸 것이다.

◆ 빌헬름 마이스터

063

세상의 법은
어떻게 정해지는가

인간 세상의 법 대부분은 늙은 남성들에 의해 정해진다.
그들은 바라는 것은 세상이 변화 없이 평온히 유지되는 것
이며, 그를 위한 법을 젊은이와 여성에게 강요한다.
하지만 진취적인 삶을 살고자 하는 젊은이와 여성은 그런
세상의 틀에서 '예외적인 존재'가 되기를 원한다.

◆ 빌헬름 마이스터

064

세상은 언제나
반론하는 법이다

진실을 말해도, 실수를 털어놓아도 세상의 반응은 똑같다.

어김없이 반론을 제기한다.

◆ 유고

개인의 자유와 평등한 세상은
양립할 수 없다

'개인의 자유'와 '평등한 세상'을 동시에 약속하는 정치가나 혁명가는 과대망상증이 있거나, 상당히 악질적인 사기꾼이다. 둘은 동시에 성립할 수 없기 때문이다.

재능 있는 자가 자유로이 재능을 발휘하면 필연코 부를 독점하게 되어 있다. 그리고 평등한 세상을 만들기 위해서는 '재능을 가진 자가 재능을 발휘할 자유'를 제한할 수밖에 없다.

◆ 유고

066

엄혹한 시대의 책임은
누구에게 있는가

이 세상에 끔찍한 공포를 불러일으킬 어둠의 시대가 도래하는 순간은, 평범한 군중이 한 사람의 망상가를 맹목적으로 따를 때다. 엄혹한 시대의 책임은 망상가와 평범한 이들 모두에게 있다.

◆ 유고

067

세상일의
인과

세상의 모든 것은 처음부터 존재했던 것이 아니다. 누군가
가, 무언가를 했기에 그 결과로 여기에 있다.

◆ 파우스트

068

부정한 재물로는
채워지지 않는다

부정하게 손에 넣은 재물로는 풍요의 기쁨을 맛볼 수 없다.
아무리 사치스러운 생활을 해도 마음은 채워지지 않는다.
한데 부정한 돈으로 아무렇지도 않게 채워지고, 더 많은
것을 거머쥐려는 탐욕으로 꿈틀대는 존재가 있다. 그들이
만연한 곳이 종교다.

◆ 파우스트

069

이름을 떨쳐도
위인이 될 수 없는 이유

악인은 아무리 유명세를 떨쳐도, 세상에 영향을 미쳐도 위대한 인물로는 인정받지 못한다. 바꿔 말하면 이름을 알리고 세상에 영향을 미치면서도 사람들에게 위대한 인물로 인정받지 못하는 것은 악인이기에 그렇다.

◆ 서동시집

민심을 얻길
원한다면

민심을 얻길 원한다면 먼저 부녀자의 호감을 얻어야 한다. 사람들은 인생의 대부분을 가정에서 보내고, 그 가정의 정신적 지배자는 여성이기 때문이다. 그 구체적인 방법은 그들이 꺼려하는 이야기를 삼가는 것이다. 대신 좋아할 만한 이야기를 들려준다. 그것은 가정이라는 울타리를 넘어서는 넓은 세상의 이야기로, 세상을 좋게 만들기 위한 의무와 희생에 대한 내용이 담겨야 한다.

◆ 유고

071

현실화가
중요하다

언제, 어디서, 어떻게 할 것인가. 어떤 문제든 이 세 가지가
매우 어렵다. 그리고 중요하다. 그 어떤 일도 현실로 풀어내
지 못하면 의미가 없다. 그리고 현실이란 구체적인 시간과
장소, 형태로 이루어진다.

◆ 파우스트

072

시작은
내 몸과 마음 하나부터

한 사람 한 사람이 자기 집 앞을 깨끗히 청소하면 마을 전체가 깨끗해지지 않겠는가. 먼저 내 몸과 마음 하나만이라도 아름답게 청결하게 가꾸는 것. 그것으로 세상은 아름다워진다.

◆ 시민의 의무

073

세상에
어리석은 이가 한 명도 없다면

세상에 어리석은 이가 한 명도 없었다면, 우리가 사는 세계
는 어떻게 달라졌을까.

현실과 너무나 동떨어진 이야기라 상상조차 되지 않는다.

◆ 격언집

074

순수한 정의는
세상을 돕지 못한다

설사 정론이라는 것을 알고 있더라도, 세상을 향해 가감
없이 외치는 것은 삼가는 편이 좋다. 순수한 정의 따위는
세상에 별반 도움 되지 않는다. 그러기는커녕 세상의 흐름
을 멈춰버릴 수도 있다. 인간의 세상은 맑음과 탁함이 한데
뒤섞여 이루어지기 때문이다. 그런 연유로 정론을 펼치는
사람은 대개 반발에 부딪히고 험한 꼴을 당한다.

◆ 빌헬름 마이스터

075

정치는
정치가의 에고 그 자체다

정치는 신뢰할 수 없고 전혀 보증될 수도 없는 것이지만, 사람의 마음에서 공정함과 선의, 관용을 앗아간다는 것은 분명코 단언할 수 있다. 정치는 그것을 수행하는 자의 에고Ego 그 자체이기 때문에.

◆ 에그몬트

예의를 모르는 정의는
위험하다

세상을 평화로 이끌어 가기 위해서는 두 가지의 힘이 필요하다. 하나는 정의다. 다른 하나는 예의다. 예의를 모르는 정의는 흉포하고 위험하다.

◆ 금언과 성찰

077

세상을 위기에서 구하는
두 가지

세상이 위기에 빠졌을 때 도움이 되는 것은 가뭄에 내리는

단비와 진정한 용기다.

◆ 괴츠 폰 베를리힝겐

078

재능은 고독 속에서
성격은 소란 속에서

재능은 고독함 속에서 자란다. 시끄러운 세상에서 멀찌감치 떨어뜨려 놓으면 무럭무럭 자란다. 반면에 성격은 세상의 떠들썩한 소란 속에 던져 놓고 키우는 것이 좋다. 단, 서툰 실수를 저지른 순간에는 숨겨줄 곳을 항시 뒤편에 준비해두고서.

◆ 토르콰토 타소

079

세상의 이치는
합리적이다

세상 모든 것은 합리적이며 모순 없이 짜여 있다. 이치에 맞지 않는 신비로움이란 존재하지 않는다. 다만 인간은 그것을 이해하지 못하기에 신비롭고 복잡하고 기이한 것으로 바라볼 뿐이다.

◆ 유고

080

연애와
결혼

연애는 이상적이지만, 결혼은 현실적이다. 그리고 우리가 사는 세상은 이상과 현실을 양립시키려고 하면 반드시 대가를 치르는 구조로 이루어져 있다.

◆ 파우스트

JOHANN WOLFGANG VON GOETHE

IV

인간관계에
대하여

JOHANN WOLFGANG VON GOETHE

대화를 즐기고 싶다면
오해를
두려워하지 말라

081

빚을 지면 상대에게
속박되고 만다

누군가에게 빚을 대신 변제해 달라고 하는 순간, 나와 그 사람은 주종관계에 놓인다. 상대가 어릴지라도, 아랫사람일지라도 그 사람은 '주인'이 되어 버린다. 그것이 싫다면 자력으로 돈을 갚는 수밖에 없다. 물론 호의를 베푼 자의 '하인'이 되는 것도 그리 나쁜 일은 아니지만.

◆ 예술과 고전

대화를 즐기고 싶다면
오해를 두려워하지 말라

타인의 말을 있는 그대로 이해한다는 것은 기실 어려운 일이다. 대개는 자신의 바람이나 상대에 대한 감정이 작용해 자기 좋을 대로 곡해하여 듣기 일쑤다. 하지만 그런 오해를 일일이 신경 쓰고 거북해하면 더는 대화를 즐길 수 없다. 결국 외로워진다. 그럴 바에는 비록 오해가 있더라도 대화가 이루어지는 관계가 아직은 낫지 않을까.

◆ 선택적 친화력

083

대화는 적당한 내용만으로도
이뤄진다

'이건 아무개에게 들은 말인데 말이야……'라며 남의 말을
인용할 때 사람들은 종종 전혀 다른 내용으로 바꿔 말하
곤 한다. 달리 의도가 있어서가 아니다. 처음부터 남의 말
을 제대로 듣지 않았을 뿐이다. 대화라는 것은 그처럼 '적
당한 내용'을 주고받는 것으로도 성립되는 법이다.

◆ 선택적 친화력

084

부질없는
참견

벽에 못을 박는다는 생각으로 망치를 두드린다. 하지만 실상은 애먼 벽을 때리고 있을 뿐 정작 중요한 못대가리는 맞히지 못한다. 그런데도 본인은 '못을 박고 있다'고 착각한다. 단지 벽을 부수고 있을 따름임에도.

부질없는 참견이란 고작 그런 것이다.

◆ 예술과 고전

085

결점으로 우정이
더욱 돈독해지기도 한다

사소한 결점은 있어도 나쁘지 않다. 상대의 결점을 용인함으로써 서로 간의 우정이 더욱 깊어지기도 한다. 실제로 옛 친구와 재회했을 때, 그가 과거에 가졌던 결점을 극복했음을 알게 되면 사람은 뜻밖에 쓸쓸함을 느끼기도 한다.

◆ 선택적 친화력

086

영웅도
보통의 사람

우리가 영웅을 칭송하는 까닭은 '보통 사람이 할 수 없는 일'을 해냈기 때문이다. 그러나 영웅도 편식을 하고, 농담을 들으면 웃고, 아름다운 여성을 보면 가슴이 뛴다. 평범한 이들과 다를 바 없는 일상을 산다. 그리고 영웅의 평소 모습을 아는 이들은 그를 '보통의 좋은 동료'로서 대한다. 참으로 멋진 인간관계가 아닐 수 없다.

◆ 선택적 친화력

087

타인의 마음은
쉽게 알 수 없다

타인의 마음이나 감정은 쉽게 알 수 없다. 상대에 대한 편견 없이 진심으로 귀를 기울여 그의 이야기를 듣는다고 해도 온전히 헤아리기란 어렵다. 하물며 조금이라도 편견이 있거나 이해득실을 따진다면, 제대로 된 이해는 어림도 없다.

◆ 예술과 고전

088

마음을
여는 요령

여기 타인의 마음을 여는 요령이 있다. 누구를 대하든 자신이 '더 낮은 자리'에 있다는 마음가짐을 가지는 것이다. 그러면 저절로 겸손한 태도가 나오고 상대방은 좋은 인상을 품게 된다. 그리고 마음을 연다.

◆ 예술과 고전

089

친구를 택하는
방법

혹자는 자신과 가치관이 비슷한 사람과 친구가 되길 원하는가 하면, 혹자는 자신과 정반대 유형의 친구를 원하기도 한다. 어느 쪽이 옳다고 말할 수는 없다. 어느 쪽이든 의미가 있고 이점이 있다. 물론 해로운 점도 제각기 있을 테지만 말이다.

◆ 예술과 고전

090

인내하고
설득한다

상대가 나의 의견에 전혀 귀 기울이지 않을 때 필요한 다음 가짐은 단 하나다. 조급해하지 말 것.

◆ 빌헬름 마이스터

091

우리가 가장 잘 이해하는
타인

고민의 원인이 되는 사람을 우리는 가장 잘 이해하는 법이다.

◆ 유고

092

속이기보다는
속는 것이 낫다

친구를 속이는 것보다는, 내가 속아서 친구에게 실망하는

편이 더 낫지 않겠는가.

◆ 유고

093

기대는 끝없이
부풀어 오른다

'베풀며 살고 싶다.' 이 말은 참으로 훌륭한 말이지만 섣불리 입에 담지 않는 것이 좋다. 사람들은 기대만으로 만족할 리 없기 때문이다. 그리고 인간의 기대란 끝없이 부풀기 마련이므로.

◆ 유고

094

현실적인 계획이 없는
이상

현실적인 계획은 전혀 내놓지 않으면서 그저 막연한 이상
만 떠드는 자가 있다. 불행히도 그는 자신의 말이 무의미하
며 상대를 불쾌하게 할 뿐이라는 사실을 깨닫지 못한다.

◆ 유고

건실한 사람이기 위한
첫 번째 조건

배은망덕하다는 것은 근본적인 결함이다. 그렇기에 은혜를 모르는 사람은 치명적으로 무능력한 인간과 다름없다. 실제로, 유능하면서도 은혜를 모르는 이는 좀처럼 찾을 수 없다. 타인의 은혜에 감사할 줄 아는 것이야말로 건실한 사람이기 위한 첫 번째 조건이다.

◆ 예술과 고전

096

중용의
태도

무슨 일이든 지나치면 주위에 폐를 끼친다. 그리 되지 않도록 적절히 인내하는 것이 타인에 대한 배려다. 그리고 배려할 줄 아는 사람은 미움받지 않는다. 행복은 중용을 지킴으로써 얻을 수 있다는 뜻이다.

◆ 독수리와 비둘기

097

타인의 실수를
용납하지 못하는 사람

타인의 실수를 용납하지 못하는 사람이 있다. 그런 자는 아무리 사소할지라도 본인이 실수를 저질렀을 때 남들의 이해를 구할 수 없다. 이를 두고 '차갑다. 지나치게 엄격하다.'라고 원망하는 것 또한 번지수를 잘못 짚은 것이다. 조금의 아량도 지니지 못한 자에게 너그러울 이유는 없다.

◆ 유고

098

다툼은 양자의 마음에
상처를 남긴다

다툰 상대와 화해하는 것은 바람직한 일이다. 다만 화해가 모든 앙금을 없애 주지는 않는다. 마음의 상처는 모두에게 필히 남는다. 상처 입은 것이 자신뿐이라고 생각하지는 말라.

◆ 파우스트

099

의견을 말할 때는
반론을 각오하라

의견을 말할 때는 언제든 반론을 들을 각오를 하라. 아무리 좋은 의견일지라도 상대방으로부터 '과연 그렇다. 실로 훌륭하다.'라고 칭찬받으리라 여기는 것은 오산이다. 사람은 좋은 의견을 이해하는 머리는 있어도, 좋은 의견을 말한 사람을 솔직하게 칭찬할 수 있는 '마음의 넓이'는 좀처럼 지니지 못하므로.

◆ 선택적 친화력

모르는 이야기에는
귀 기울이지 않는다

사람들은 듣기 전부터 이미 알고 있는 화제에는 진지하게
귀를 기울인다. 반면 모르는 이야기에는 주의를 기울이지
않는다. 아는 것을 확인하기란 쉽지만, 모르는 것을 기억하
는 데는 수고가 따르기 때문이다.

◆ 유고

JOHANN WOLFGANG VON GOETHE

V

마음에
대하여

JOHANN WOLFGANG VON GOETHE

근심과 불안은
작은 열쇠 구멍으로
들어온다

101

감동의
수명

저 무지개가 아무리 아름답다 해도 15분 이상 사라지지 않
고 하늘에 걸려 있다면 아무도 올려다보지 않을 것이다.
감동의 수명이란 그처럼 짧다.

◆ 예술과 고전

102

하루의 끝에는
그날의 일을 정리한다

하루의 끝에는 그날 있었던 일을 마음속으로 정리한다. 좋았던 일을 떠올리며 막연한 행복감에 젖는 것만이 아니다. 좋지 않았던 일을 그저 감정적으로 부정하는 것만이 아니다.

하나하나의 의미와 가치를 자기 나름으로 생각해 보는 것이다. 그럼으로써 조금 더 새로워진 내가 되어, 다음 날 새로운 하루를 시작할 수 있다.

◆ 유고

103

이별을 받아들이는
연습

인생에는 많은 만남과 이별이 예정되어 있지만, 그중 '극적인 이별'은 참으로 위험하다. 그것은 극도로 슬프고 경악스러우며, 절망으로 울부짖게 만드는 이별이다. 사람을 미치게 만들고 어리석은 행동을 하게 만든다. 회복할 수 없을 정도로 마음을 부서뜨리기도 한다.

그렇기에 우리는 모든 이별을 담담히 혹은 냉정히 받아들일 수 있도록 마음을 단련해 둘 필요가 있다.

◆ 유고

104

근심은
작은 열쇠 구멍으로 들어온다

근심이나 불안은 자신도 모르는 사이 마음속에 움튼다. 언제 어디서 나타났는지 알 수 없다. 현관문을 열어두지 않았어도 마치 작은 열쇠 구멍으로 숨어들어온 양.

◆ 파우스트

105

밤은
마음을 현혹한다

밤은 마음을 현혹한다. 낮 동안 태양 아래서 완벽히 신사처럼 행동했던 이조차도, 어두운 밤이 되면 별빛의 유혹에 빠져들고 만다.

◆ 파우스트

106

인내심을 단련하는 훈련

인내심을 키우는 훈련으로 다음의 세 가지 방법이 있다.

하나는 원대한 계획을 세우는 것이다. 어떤 노력가라도 좀처럼 성과가 나오지 않으면 조바심이 나기 마련이다. 사람이란 본디 성급하므로.

다른 하나는 등산이다. 이 세상에 존재하는 모든 것은 위에서 아래로 향한다. 등산은 그 절대적인 법칙에 맞서는 것이기에 이루 말할 수 없는 고통을 수반한다.

마지막 하나는 까다로운 생선요리를 먹는 것이다. 고양이의 비웃음을 사지 않을 정도로 깔끔하게 생선요리를 먹는 것은 꽤나 수고로운 일이다.

◆ 유고

107

타개책은
분명 있다

절망적으로 느껴지는 상황일지라도 분명 타개책은 있다.
지혜로운 사람은 그것을 정확히 간파해 내지만, 우매한 자
는 깨닫지 못할 뿐이다. 절망은 자신의 어리석음이 만들어
내는 것에 지나지 않는다.

◆ 유고

익숙함 속에서
발견하는 새로움

처음 가 본 바닷가에서 마주한 햇볕은 지금껏 맛보지 못한
따스함을 선사한다. 누구든 그 신선한 빛에 매료될 것이다.
한 번도 가 본 적 없는 장소에서는, 익히 아는 대상을 마주
하더라도 반드시 새로운 무언가를 발견하게 된다.

◆ 파우스트

109

마음을
청량하게 하는 것

우리 마음을 청량하고 높은 곳으로 이끌어 주는 것. 그것
은 따스하고, 아름답고, 수려하고, 숭고하고, 자애로우며,
감미롭고 마음 설레는 것이다. 말하자면 영원히 여성적인
것이다.

◆ 파우스트

110
번뇌의
위력

법은 강력하다. 사람들 개개의 사정이나 바람보다 우위에 있다. 그러나 사람의 번뇌는 이보다 더욱 강력하다. 사람은 괴로운 번민에서 벗어나기 위해 때때로 법의 테두리를 넘기도 한다.

◆ 파우스트

111

심연을 들여다본
인간의 숙명

사람의 마음속 깊은 곳은 모든 사람과 연결되어 있다. 이를 깨닫는 순간, 모든 이의 고통이 자신의 마음에 선명히 전해져 온다. 전 인류의 고뇌가 나라는 사람을 엄습해 온다.

그것은 불행이나 불운이 아니다. 그저 마음의 심연을 알아버린 인간의 숙명이다.

◆ 파우스트

112

지갑이
가벼울 때

지갑이 가벼우면 마음이 이상해진다. 불안과 불만이 들끓는다. 이런 상황에서도 태연한 자가 있다면, 그 평온함이야말로 이상하다. 태연할 수 없는 것이 정상적인 마음이기에.

◆ 보물 캐는 사람

113

'어떻게 생각하는가'로
사물의 가치는 정해진다

좋아한다. 싫어한다. 사랑한다. 증오한다.

그러하다면 이 세상 사물의 가치는 '내가 어떻게 생각하는

가'로 결정되는 것이다. 이름 따윈 아무래도 좋다.

◆ 파우스트

114

어리석은 욕망이 있기에
속는다

"그럴싸한 이야기에 속고 말았다."라며 한탄하는 자는 남에게 속은 것이 아니다. 자기 자신에게 속은 것이다. 자기 내면의 어리석은 욕망이 그럴싸한 이야기에 편승해 '믿으라'고 자신의 마음에 명령했기 때문이다.

◆ 빌헬름 마이스터

관심과 흥미,
호기심을 가져라

아무리 오랫동안 애정을 가지고 익혀 온 것이라도 한 번 흥미를 잃어버리면 모든 것을 잃게 된다. 쌓아온 지식도, 갈고닦은 기술도 한순간에 사라져 없어진다. 결국에는 기억에서도 잊혀져 무엇도 남지 않는다. 흥미, 관심, 호기심. 그같은 마음을 잃어버린다면 인생에는 정말이지 아무것도 남지 않는다.

◆ 예술과 고전

116

신념은
늘 새롭게 거듭난다

언제나 성실할 것임을 약속할 수는 있다. 그러나 항상 같은 신념을 관철하며 살 것이라는 약속은 할 수 없다. 신념이란 새로운 경험 혹은 새로운 만남을 통해 변화하고 성장하기 때문이다. 그러므로 그때그때의 신념을 성실히 따르는 것, 그것으로 충분하다.

◆ 예술과 고전

JOHANN WOLFGANG VON GOETHE

VI

삶에
대하여

JOHANN WOLFGANG VON GOETHE

눈물 젖은 빵을
먹어 본 적 없는 자는
인생의 참맛을 알지 못한다

117

파종은 수확만큼
어렵지 않다

무언가를 시작하는 것과 무언가의 결실을 거두는 것. 이는

완전히 다른 이야기다. 둘을 비교한다면 단연코 시작이 훨

씬 쉽다. 파종은 수확만큼 어렵지 않다.

◆ 선택적 친화력

118

머리카락 한 올도
그림자를 드리운다

아무리 사소한 일일지라도 무언가를 행하면, 반드시 누군 가에게 영향을 미친다. 머리카락 한 올이라도 떨어지면 그 아래에 그림자가 드리워지듯이.

◆ 예술과 고전

예측이나 대비는
낙관의 범위를 벗어나기 어렵다

신중한 사람은 어떤 일에 착수할 때 문제를 예측하고 대비책을 마련한다. 그러나 막상 일이 진행되어 발생하는 문제는 대부분 예상치 못한 것들이다. 사전에 준비해 둔 대처법은 아무 도움이 되지 못하고 문제가 생길 때마다 골머리를 앓는다.

예측이나 대비는 낙관적으로 바라는 소망의 틀을 벗어날 수 없는 법이다.

◆ 예술과 고전

120

충실했던 청춘이라도
미련은 남는 법이다

청춘이 지나간 후 사람들은 바란다. '다시 한 번 그 시절로 돌아갈 수 있다면……!' 무언가에 매달리듯 간절히 원한다. 아무리 그 시절을 충실히 보냈다 할지라도 미완으로 남긴 것은 반드시 있기 마련이므로.

◆ 파우스트

121

노인의 실수는
어리석은 행위일 따름이다

젊은 시절 범하는 실수는 좋은 경험이 되어 후일 인생을
살아가는 데 유용한 지침이 된다. 하지만 이미 충분한 연
륜을 쌓은 노년에 저지르는 실수는 어리석음의 방증일 따
름이다.

◆ 예술과 고전

무수옹의
환상

나이가 들수록 고생은 늘어난다. 살아온 세월이 쌓이는 만큼 해결할 수 없는, 더 많은 문제를 끌어안기 때문이다. 무수옹無愁翁(근심, 걱정이 없는 노인) 같은 것은 환상에 지나지 않는다는 이야기다.

◆ 예술과 고전

123

행복과 아름다움의
양립

행복과 아름다움. 이 둘은 오래도록 양립하기 어렵다. 아름다움을 유지하기 위해서는 반드시 무언가를 희생해야 하기 때문이다.

◆ 파우스트

124

뜻을 관철하고 싶다면
책임을 짊어져라

사람은 자기 의견을 주변에 강요할 때가 있다. 그러다 그 결과가 나쁘면 사리에 맞지 않는 변명을 늘어놓으며 책임을 모면하려고 한다.

그러나 자신의 뜻을 밀어붙였다면 모든 책임을 짊어짐이 당연하지 않은가. 그럴 수 없다면 처음부터 주변을 끌어들이지 마라.

◆ 선택적 친화력

그저 기다리기만 해서는
뒤처질 따름이다

상대방이 먼저 다가온 상황에서는 그의 실력을 파악하기
가 쉽지 않다. 상대를 전력을 알고자 한다면 먼저 다가가
라. 여유를 부리는 '기다림의 자세' 같은 것은 뒤처지는 원
인이 될 뿐이다.

◆ 선택적 친화력

126

초자연적 믿음은
영감을 주기도 한다

초자연적인 믿음은, 이를테면 인생의 아름다운 시다. 물질적인 이익을 가져다주지는 않지만 평범한 일상에 신선한 자극을 선사한다. 그렇기에 미신적인 사고가 예술을 하는 자에게 나쁘다고는 단언할 수 없다.

◆ 예술과 고전

127

노인에 대한
존경과 배려

세상은 어린아이에게 관대하며, 마찬가지로 노인에게도 관대하다. 노인은 '주위로부터 보호받아야 할 존재'라는 의미에서 어린아이와 같기 때문이다.

그러니 노인은 보호받아야 할 때는 흔쾌히 그것을 받아들이라. '어린아이 취급하지 말라'며 화낼 필요는 없다. 화 같은 것을 내지 않아도 노인에 대한 존경과 배려는 함께할 것이므로.

◆ 예술과 고전

128

배움을 거듭함으로써
성장한다

교육자는 학생이 모르는 것만을 가르치지 않는다. 이미 아는 것을 반복해 가르치기도 한다. 그리고 이것은 나름으로 꼭 필요한 일이다. 배움을 거듭함으로써 사람은 성장하기에.

◆ 빌헬름 마이스터

129

아이가
어른이 된다는 것

아이는 아무것도 알지 못하며 무구하다. 그리하여 아이의 마음은 완전히 독창적인, 세상에 아직 존재하지 않은 무언가를 만들어 내고자 한다.

그러나 자라면서 세상의 지식을 점차 흡수하고 이미 '존재하는 것'들로 눈을 돌린다. 창의적인 미래를 꿈꾸기보다 단순히 현재의 연장에 지나지 않는 미래를 추구하게 된다. 아이가 어른이 된다는 것은 그런 의미다.

◆ 빌헬름 마이스터

130

가장 큰 시련은
예측할 수 없다

가장 큰 시련은 예측하지 못한 곳에, 전혀 생각지 못한 곳에 도사리고 있다. 예측 가능한 시련이란 애초에 고됨의 정체가 파악되어 있다.

◆ 빌헬름 마이스터

131

좌절을 극복하는
방법

행동할 것인가, 인내할 것인가.

좌절은 이 두 가지 방법을 통해 타개할 수 있다.

◆ 유고

132

황량한 사막을 건너는
낙타의 강인함

황량한 사막에 사는 낙타는 더럽고 볼품없다.

그렇지만 사람이 빗기고 먹여 가지런한 털과 멀끔한 모양

새의 당나귀가 겨우 짊어지는 짐의 몇 배를 거뜬히 실어 나

른다.

◆ 유고

133

아침의 생각이
하루를 결정한다

하루를 여는 아침, 오늘 일어날 일을 완전히 예측할 수
있다면 그 하루는 자신의 뜻대로 흐른 것과 다름없다. 그
날만큼은 '왕'이 된 것과 진배없다.

물론 보통 사람이 그리 쉽게 왕이 될 수는 없을 테지만.

◆ 유고

134

일생을 구성하는
세 가지 요소

사람의 일생은 대체로 세 가지 요소로 이루어진다. 특별할 것 없는 시시한 수다, 일상의 흔한 사건들. 그리고 그때 그곳에서 무언가를 도모했지만 나중에는 결국 아무것도 남지 않은 못된 장난. 단지 그뿐이다.

◆ 유고

아이의 실수,
노인의 실수

호기심에 불에 다가갔다가 데인 아이는 불을 무서움을 알
게 된다. 실수로 작은 화재를 일으킨 노인은 이후 벽난로에
불을 지피는 일조차 두려워한다. 아이는 실수를 통해 배우
고, 노인은 실수로 인해 불안감을 끌어안는다. 아이의 실패
는 좋은 미래로 이어지지만, 노인의 실패는 처량한 만년으
로 이어진다.

◆ 유고

136

숨 쉬는 한
살아감에 전념하라

누구나 언젠가는 반드시 죽는다. 모두가 그 사실을 안다. 하지만 자신이 어떻게 죽을 것이며 언제, 어떤 이유로 죽을 는지는 아무도 알지 못한다. 그리고 삶은 그런 생각을 용납 하지 않는다. 삶이란 숨 쉬는 한 살아가는 것에 전념할 의 무가 있기 때문이다.

◆ 유고

137

유한한
삶

산 자들이 흙으로 돌아가는 고인을 바라보며 '삶의 고통에서 해방되다니 부럽다.'라고 여긴다면, 그 세상은 이미 종말에 다가간 것일 테다.

다만 영원을 살아가는 기쁨을 추구하는 세상도 상상하기는 어렵다.

◆ 유고

성실한 사람은
싫증 내지 않는다

자신이 찾아낸 것 또는 발굴한 인재는 이후에도 소중히 키워 나가야 한다. 또한 타인에게 배우고 이어받은 것, 타인에게 부탁받은 것은 이후에도 저버리지 말고 계속 지켜내야 한다.

성실한 사람이라면 '이젠 질렸다.'라는 말은 입에 올리지 않는 말이다.

◆ 유고

139

반드시
무언가를 남기는 삶

인생은 꿈과 같은 것이라며 그럴듯하게 말하는 이가 있다. 전부 터무니없는 이야기다. 꿈이란 깨고 나면 아무것도 남지 않는 법이다. 하지만 열심히 살아온 자의 생은 반드시 무언가를 세상에 남긴다. 실제로 무언가를 남기는 것이 꿈일 리 없다.

말하자면 날마다 일회성의 쾌락에 취해 어떤 노력도 하지 않고, 아무것도 남기지 않는 어리석고 못난 자가 인생을 꿈이라 생각한다.

◆ 유고

140

시행착오야말로
인생의 묘미

찾아 헤매던 것이 어디 있는지를 알고 나면 더는 중요하지 않게 된다. 그것을 손에 넣기 위해 찾아가는 여정이 실상 성가신 일이 되어 버린다.

인생의 목적도 마찬가지다. 목적을 확실하게 달성할 방법이 처음부터 보인다면 오히려 열정은 식고 만다. 수많은 고민과 시행착오를 겪으며 나아가는 것이야말로 인생의 묘미이기에.

◆ 유고

141

진정한 의미를
알고 싶다면

눈앞에 보이는 모습에만 만족한다면 대상의 진정한 의미를 결코 알 수 없다. 한편, 대상에 담긴 '진정한 의미를 알고 싶다.'라고 강하게 원한다면 그 시점에서 이미 깨달은 것이나 다름없다. 진정한 의미를 깨달았기에 그것을 '알고자' 하는 강한 욕망이 꿈틀거린다.

◆ 유고

142

노년의
딜레마

노년은 시간은 모호하다. 욕망하는 바를 향해 무작정 돌진
하기에는 너무 늙어 버렸다. 그렇다고 모든 욕망을 버리고
자연의 순리에 몸을 맡기기에는 아직 너무 젊다.

◆ 파우스트

143

사람은 만족을 위해
살아간다

사람은 그저 살아가지 않는다. 만족하기 위해 살아간다. 그렇기에 진정한 만족을 얻는 순간 분명 이렇게 외칠 것이다. "시간이여, 멈춰 다오! 지금 이 순간은 너무도 아름답다. 계속 살아있음으로써 지금이 과거가 되어 버릴 바에 차라리 이 순간 숨을 거두고 싶다."

◆ 파우스트

144

인생의
참맛

눈물 젖은 빵을 먹어 본 적 없는 자. 혹은 잠 못 이루는 밤 침대 속에서 숨죽여 울어 보지 않은 자. 그런 사람이 인생의 참맛을 알 리 없다.

◆ 빌헬름 마이스터

구원받기
위하여

구원받는 사람이란.

구원받기 전에 온 힘을 다해 노력한 사람이다.

◆ 파우스트

146

노력 없이 얻어지는
내 것

선조가 남긴 유산을 물려받는 것은 자손의 특권일 것이다. 하지만 그 유산을 진정 자신의 것으로 만들고자 한다면 그것을 지키려는 부단한 노력이 뒤따라야 한다. 노력 없이 손에 넣을 수 있는 '내 것' 따윈 존재하지 않는다.

◆ 파우스트

147

지나가고
사라져 버리는 것

지나가고 사라져 버리는 것이라면, 결국 남아야 하는 것이
아니다.

◆ 파우스트

148

삶을 제대로
음미하고 싶다면

그때그때 유행이나 풍조만을 따르며 살아간다면 인생은 삽시간에 흘러가 버린다. 삶을 제대로 음미하고 싶다면 보다 근본적인 세상의 구조와 이치를 배우라. 그리한다면 시대를 초월해 인간으로서 더 잘 살아갈 방도를 반드시 발견할 수 있을 것이다.

◆ 파우스트

149

다시 찾아올 평온을
믿는다

잔잔하게 흘러가는 평온한 나날은 언젠가 끝나기 마련이다. 그 순간 우리는 이처럼 평온한 시간이 두 번 다시 찾아오지 않으리란 생각에 서글픔을 느낀다. 하지만 언젠가 새로운 평온은 필연코 다시 찾아온다.

그리 믿지 않으면 어찌하겠는가.

◆ 파우스트

150

목적이 보이면
두렵지 않다

인생의 목적이 선명하게 보이면 망설임도, 불안도 무의미해진다. 악마도, 지옥도 두렵지 않다. 그런 것에 발목이 잡혀 주저하기보다 굳세게 앞으로 나아간다.

◆ 파우스트

151

자신만의 왕좌를
향하여

결국 인생은 궁극적인 목적은 자신이 도달할 수 있는 최고의 모습을 이루는 것이다. 남들과 비슷한 모습, 세상이 바라는 모습이 되는 게 생의 의미가 될 수는 없다.

인생의 목적을 향해 온 힘을 다해 나아가는 사람은 자신만의 왕좌 혹은 왕관을 바라는 자다. 그 집념이 진실하다면 그에 걸맞는 '왕 다운 명예'가 언젠가 반드시 주어질 것이다.

◆ 파우스트

152

최선을 다하는 삶은
신뢰를 얻는다

오직 자신밖에 믿지 않는 사람에게도 타인의 신뢰가 향할 때가 있다. 저 스스로는 홀로 무심히 살아갈지언정 최선을 다해 나아가는 삶을 누군가는 지켜보기 때문이다.

◆ 파우스트

153

불안을 부추기는
예언

먼 옛날 무시무시한 미래가 예언되었다. 그 예언으로 말미암아 사람들은 미래를 두려워했다. 그러나 현재를 사는 우리는 예언된 시간을 이미 지나왔고, 이렇듯 안녕히 살아가고 있다. 미래에 대한 불안을 부추기는 예언 따윈 진짜 미래의 삶에 아무 영향도 미치지 못한다.

◆ 파우스트

154

마법의 망토 따위는 없다

우리는 때로 모든 것에서 도망치고픈 충동을 느낀다. 내 육신을 먼 이국땅으로 옮겨다 놓는 마법의 망토가 불현듯 필요해진다.

그러나 세상 어디에도 그런 망토 따위는 존재하지 않는다.

◆ 파우스트

155

스스로
개척하라

인생에 양자택일로 해결되는 일은 거의 없다. 사람의 길은
선택하는 것이 아니다. 스스로 개척하는 것이다.

◆ 젊은 베르터의 고뇌

156

타인의 불행을 딛고 선들
불행해질 뿐이다

오로지 출세만을 추구하는 사람은 친구와 동료마저 밀어
내고 홀로 한 걸음 앞서 나가려고 한다. 그 열의는 너무도
가엾다. 타인의 불행을 디딤돌로 삼은 인생은 더 불행할 것
이 자명하기에.

◆ 젊은 베르터의 고뇌

157

적어도
생각하는 것만큼은

적어도 생각하는 것과 시를 짓는 것만큼은 자유로웠으면
한다. 행동하는 것은 늘 세상의 이목에 속박당하기에.

◆ 토르콰토 타소

158

마음을 닫고
한껏 몸을 웅크리면

마음을 닫고 한껏 몸을 웅크리면 인간으로서 최고의 안락을 얻을 수 있다. 가끔은 이것도 좋다. 그러나 길어지면 목숨이 위태로워진다.

◆ 격언집

159

노년을 맞이하는
방법

나이를 먹는 데 필요한 테크닉 같은 것은 없다. 그러나 노년이 된 이후에는 일종의 노하우가 필요하다. 그것은 불유쾌한 나날을 떨쳐 버리고 유쾌한 날들을 스스로 만들어 내는 테크닉이다.

◆ 격언집

160

운명은
바람과 닮았다

인간의 운명이란 바람과 얼마나 닮았는가. 한 인간의 삶을
뒤흔들고 앞을 가로막지만, 눈에는 보이지 않는다. 그리고
그 힘이 너무도 거세면 인간이 감당할 수 있는 한계를 벗어
난다.

◆ 물 위 정령의 노래

JOHANN WOLFGANG VON GOETHE

VII

행복에
대하여

JOHANN WOLFGANG VON GOETHE

행복을 포기한 자만이
아무 거리낌 없이
타인의 험담을 늘어놓는다

161

열정이 있기에
생의 기쁨을 느낀다

어떤 일에든 '열정을 갖고 임하는 사람'은 불사조와 같다. 설령 한 가지 목표에 좌절하더라도, 잿더미 속에서 부활하는 불사조처럼 새로운 목표를 향해 기필코 다시 일어선다. 그로써 언제든 살아가는 기쁨을 느낀다.

그에 비해 모든 일에 능숙하고 영리하게 행동하나, 아무런 열정을 갖지 못하는 사람은 진정한 삶의 기쁨을 알지 못한다.

◆ 선택적 친화력

상상이 선사하는
행복

원하는 것을 이룬 '미래의 나'를 상상하기만 해도, 우리 마음은 잠시뿐일지언정 욕망에서 자유로울 수 있다. 상상력만 있으면 머릿속에서만은 행복해질 수 있다. 그도 나쁘지는 않다.

◆ 선택적 친화력

163

죽는 순간에야
비로소 알 수 있다

백 퍼센트 만족한 가장 행복한 삶이었는가는 죽음을 앞둔 마지막 순간에야 비로소 확인된다. 최후에 이르러 인생을 되돌아봤을 때, 태어나서 죽기까지의 모든 것을 나의 삶으로 거짓 없이 받아들일 수 있는가로 판가름 난다.

사람들 대다수는 훗날 돌아보았을 때 '인생의 한 장면으로서 인정하고 싶지 않은, 할 수만 있다면 지워버리고 싶은' 불행한 과거가 있기 마련이므로.

◆ 예술과 고전

164

험담을 일삼는
사람

마음이 황폐해지고 어둠에 잠식되면 남의 불행을 두고 즐거워하는 일 외에는 흥미를 느끼지 못한다. 타인의 행복은 커녕 저 자신의 행복조차 원치 않는다.

이미 자신의 행복을 포기한 자만이 아무 거리낌 없이 타인에 대한 험담을 늘어놓는다.

◆ 예술과 고전

165

기도가
선사하는 것

기도는 사람의 마음을 맑게 정화하고 미래에 대한 희망을 북돋는다. 마치 숯불의 은은한 온기와 향이 불러오는 평온함, 따스함과도 같다. 비록 금전적인 이익으로 이어지지는 않지만 마음의 풍요를 선사한다.

◆ 빌헬름 마이스터

166

충만한 인생을
위하여

젊어서는 노년의 위대함을 깨닫고, 늙어서 젊은 시절의 집념과 열정을 잊지 않는다면 무엇보다도 충만한 인생을 보낼 수 있다.

◆ 유고

167

행동이
전부다

행동이 전부다. 무언가에 전력을 쏟을 때의 충실감이야말
로 행복이다. 결과 따윈, 하물며 명성 따윈 아무래도 좋다.
그런 것은 덤일 뿐이다.

◆ 파우스트

더없는
축복

행동하는 것이 즐겁고 그 결과를 지켜보는 것 또한 즐겁다면 이보다 더한 축복이 있을까. 행동과 결과, 둘 중 어느 하나라도 즐길 수 있다면 그것만으로 이미 크나큰 축복이다.

◆ 유고

169

모든 것을 알고자 하는
욕망

모든 것을 알고, 모든 것을 할 수 있는 사람은 없다. 그러나 모든 것에 흥미를 느끼고, 모든 것을 알길 원하는 사람은 있다. 얼마나 훌륭한 호기심과 탐구심인가. 그러나 그는 과연 행복할까.

◆ 파우스트

170

지키는
기쁨

소중한 것을 얻는 기쁨은 크다. 그러나 소중한 것을 오래도록 간직하는 기쁨은 더욱 크다. 소중한 것을 지키기 위해 노력하는 나날이 더없이 행복한 이유다.

◆ 파우스트

171

살아가는 기쁨을
누리기 위하여

세상 모든 일을 시시하고 우습게 여긴다면, 마음은 언제나 불만으로 가득 차고 머릿속에선 물레방아가 끊임없이 돌아가는 듯한 초조와 짜증이 계속될 것이다.

살아가는 기쁨을 누리기 위해서는 나 자신에게 '결코 시시하거나 우습지 않은 무언가'가 필요하다.

◆ 파우스트

172

자신 안의
두 개의 영혼을 느낄 때

지금 누리는 행복이 허울뿐이라는 공허함을 깨닫는 순간, 우리는 자신 안에 두 개의 영혼이 있음을 느낀다. 공허함 속에서 '이대로도 충분해. 무리하지 마.'라며 다독이는 영혼과 '이대로는 안 돼. 용기를 내어 앞으로 나아가.'라며 책망하는 영혼이 있다. 두 영혼이 서로 팽팽히 맞서고 있는 것이다.

◆ 파우스트

173

동경하는
마음

생활이 안정되고 일상이 평온해지면 사람들은 무언가를 동경하는 마음을 내려놓는다. 그러나 내심은 기회만 있으면 그 감정이 재현되길 꿈꾼다. 안정이란 타협에 불과하지만, 동경은 진정한 만족을 추구하는 열정이기에.

◆ 파우스트

174

과거를 흘려보낼
자유

과거는 그저 흘려보내도 괜찮다.

적어도 인간에게는 그럴 자유가 있다. 과거에 얽매일 의무

는 없는 것이다.

◆ 파우스트

175

생존과
행복

허기가 극에 달하면 어떤 음식이든 진심으로 '맛있다'고 느낀다. 몸이 지칠 대로 지치면 어떤 수면제를 먹은 것보다 달게 곯아떨어진다. 다만 그것이 행복인지는 단언할 수 없다.

◆ 이탈리아 기행

176

주어진 행복에만
만족하는 것은 위험하다

행복을 안겨 주었던 것이 훗날 불행의 원인이 되기도 한다.

그리고 주어진 행복만을 받아들이고 그저 만족했던 이는

훗날의 불행을 자력으로 떨쳐 낼 수 없다.

◆ 젊은 베르터의 고뇌

177

노력이 있기에
승리의 기쁨이 주어진다

매일의 고된 훈련에서 도망친 선수에게 승리의 기쁨이 주어질 리 없다. 그에게 돌아오는 것은 관중의 야유, 말없이 고개를 떨굴 수밖에 없는 부끄러움뿐이다.

◆ 유고

178

타인의
행복을 기원하는 일

우리가 해야 하는 일은 단 하나. 다른 이의 행복을 기원하는 것이다. 그것만으로도 불행은 사라진다. 타인의 불행은 물론 나 자신의 불행까지도.

◆ 젊은 베르터의 고뇌

179

위대한
유산

아버지로부터 성실히 살아가는 법을 배웠고, 어머니로부터는 즐거운 이야기를 상상하는 법을 배웠다. 그로써 타인에게 사랑받고 나 자신을 사랑하는 사람이 될 수 있었다.

◆ 쿠세니엔

180

유쾌하든가
현실에 만족하든가

밝은 인생을 살길 원한다면 유쾌하게 지내라.

그것이 생각만큼 순조롭지 않다면, 현실에 만족하라.

◆ 격언집

JOHANN WOLFGANG VON GOETHE

VIII

일에
대하여

JOHANN WOLFGANG VON GOETHE

석양의 아름다움을
온전히 느끼고 싶다면
그 하루를
땀 흘리며 일해 보라

181

성취에 가까워질수록
어려움은 커진다

목표라는 것은 가까워질수록 어려움이 커진다. 목표가 명백한 현실로 다가오기 시작하면, 처음에는 깨닫지 못했던 갖은 문제들이 선명히 보이기 때문이다.

◆ 선택적 친화력

일한다는 것은
타인과 관계를 맺는 것

일을 한다는 것은 타인과 관계를 맺는 것이다. 그로 인해
적이 생기기도 하고 동료를 만들기도 한다. 그렇기에 진정
으로 고독한 사람은 일하지 않는다.

◆ 예술과 고전

183
라이벌을
이기는 방법

사업상의 라이벌을 능가해 이익을 얻고자 할 때, 경쟁자를 지나치게 의식할 필요는 없다. 그보다는 스스로 더욱 명철해져야 한다. 정말 명철한 사람은 경쟁자가 어떤 전략으로 나오든 '자신만의 방식'으로 수익을 낸다. 시장에서 목청 높여 외치는 상인들을 보아도 알 수 있다. 흥하는 가게의 주인은 오직 자신의 상품을 홍보하는 데 전념할 뿐 경쟁 상대에게는 눈길조차 주지 않는다.

◆ 예술과 고전

184

근심하지 않기에
성과를 낸다

전전긍긍하며 걱정하지 않는 사람이 성과를 낸다. 때로는 본인조차 놀랄 만큼 큰 성과를 거둔다.

걱정에 매몰되면 지연과 정체를 초래하는 반면, 걱정을 떨친 의지는 추동력을 낳는다.

◆ 예술과 고전

185

악행은
한가로운 인간이 저지르는 것

예컨대 모든 법률의 조문을 외워야만 하는 세상이라면, 사람들은 정신없이 바쁜 나머지 법을 어길 시간조차 없을 것이다. 바삐 일하는 사람은 나쁜 짓을 저지르지 않는다. 악행은 한가로운 인간이 저지르는 것이다.

◆ 예술과 고전

186

청년의
오해

청년들은 나이 든 세대의 일을 물려받기를 꺼리는 경향이
있다. 그들의 일을 잇는다는 것은 자기 자신이 그저 늙은
세대를 모방하는 사람으로 전락하고, 마음마저 지배당하
는 것이라 생각한다.

그러나 이는 어디까지나 청년들의 지나친 오해다. 노년의
세대가 청년에게 일을 맡기는 까닭은 청년 나름대로 훌륭
하게 '그들 자신의 일'로 만들어 갈 것이라는 굳은 신뢰가
있기 때문이다.

◆ 예술과 고전

187

일의 즐거움을
자각하라

'정작 나를 위해 일하는 건 없어. 어디까지나 남을 위해 일하고 있을 뿐이야.' 적잖은 사람이 이처럼 한탄하듯 말한다. 그러나 사실 타인을 위해 일한다는 말에는 남들과 더불어 즐겁게 살기 위해 일한다는 의미가 담겨 있다. 그렇다면 그 일 역시 '자신을 위한 것'이지 않을까. 그러니 그렇게 불평만 늘어놓기보다는 일의 즐거움을 자각하길 바란다.

◆ 빌헬름 마이스터

188

버릴 줄 아는
용기

일의 결과를 납득하지 못할 때 마음을 다잡고 다음 일에 매진하는가. 혹은 납득할 수 있을 때까지 다시 도전하는가. 어느 쪽을 선택하든 지금까지 쏟아 온 노력을 거둬들이는 용기가 필요하다. 여태까지의 노력이 아깝다는 이유로 불만족스러운 결과와 타협한다면 허무함밖에는 얻지 못할 것이다.

◆ 유고

189

노력이 가져오는
필연적 결과

세상이 말하는 '대발견'이란 결코 우연이나 행운의 산물이
아니다. 그것은 발견한 자의 숱한 노력이 가져온 필연적인
결과다. 그리고 그 노고의 크기에 걸맞은 당연한 보수다.

◆ 유고

190

실적으로
세상에 공헌하라

자기 업무에서 대단한 실적, 성과를 올리는 사람은 그만큼 많은 사람에게 무언가를 선사하고 있다. 실적이란 단순한 수치가 아니다. 세상에 대한 공헌이다. 아니, 반드시 그래야만 한다.

◆ 파우스트

191

간단할수록
성공하기 어렵다

누군가 태연한 얼굴로 "이런 일은 간단히 해낼 수 있다."라고 말한다면 그것은 분명 쉬운 일일 테다.

그러나 간단한 일일수록 사실 성공하기 어렵다. '방심'이라는 실패의 원인이 반드시 도사리고 있기 때문이다.

◆ 파우스트

192

진실로 완성된 것은
변치 않는다

진실로 완성되었다면 시간이 흘러도 변하지 않는다. 그 모습 그대로 후세에 전해진다. 그런즉 자신이 만든 것이 남의 손에 변질되었다고 불평하기 앞서, 자신이 이룬 일의 미완성을 반성함이 옳다.

◆ 파우스트

193

벽을 뛰어넘어 도달한 곳에
결실이 있다

처음부터 마지막까지 순탄하게 진행되는 일은 흔치 않다.
세상은 그것을 용납하지 않으며 반드시 한 번은 거대한 벽
에 부딪히기 마련이다.

성취는 벽을 뛰어넘은 자에게만 허락된다. 순조로운 시간
동안 들인 노력만으로는 닿을 수 없는 결실이다.

◆ 파우스트

194

지금
이해받지 못할지라도

당신이 해낸 일이 온당한 평가를 받지 못한다면, 그 일은 보통 사람은 이해하기 힘든 위대한 것일는지 모른다. 만일 그렇다면 그 성과의 빛은 사라지지 않고 영원히 존재할 것이다. 그리고 그 위대함은 미래에 증명될 것이다.

◆ 파우스트

195

무엇을 위해
일하는가

일한다는 것은 훌륭한 행위다. 그러나 단지 돈을 벌기 위해, 세상에 이름을 알리기 위해, 사랑하지 않는 사람을 위해 일한다면 참으로 어리석은 행위가 아닐 수 없다. 돈이나 명예가 인생의 진정한 목적이 될 수는 없다. 또한 아무리 대단한 상대라 할지라도 자신이 사랑할 수 없는 이를 위해 일하는 것은 가치가 없다.

◆ 젊은 베르터의 고뇌

196

삶의 아름다움을
느끼기 위하여

석양의 아름다움을 온전히 느끼고 싶은가. 그렇다면 그 하루를 땀 흘리며 일해 보라.

◆ 생의 기쁨

JOHANN WOLFGANG VON GOETHE

IX

지성에
대하여

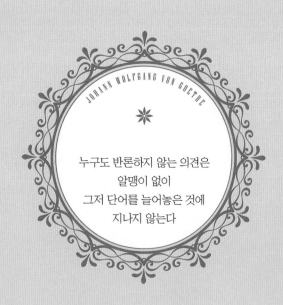

JOHANN WOLFGANG VON GOETHE

누구도 반론하지 않는 의견은
알맹이 없이
그저 단어를 늘어놓은 것에
지나지 않는다

197

추한
웃음

좋은 웃음은 인생의 청량제다. 그러나 어리석은 자는 종종 악질적인 웃음을 즐긴다. 마땅히 웃지 말아야 할 것을 보고 웃는다. 타인의 불행, 타인의 실패, 타인의 약점을 보고 웃는다. 그 웃음은 비열한 마음을 비추는 거울이지만, 어리석은 자는 자신의 웃음이 얼마나 추한지 스스로 알지 못한다.

◆ 선택적 친화력

198

배려를
가르치는 것부터

예의범절의 근본에는 '상대에 대한 배려'가 담겨 있다. 예의
바르게 행동함으로써 사람은 원만한 인간관계를 맺는다.
그렇기에 아이에게 단순히 형식적인 예의범절만을 가르치
는 것은 무의미하다. 먼저 상대를 위한 배려를 깨닫게 함
이 교육의 첫걸음이다.

◆ 선택적 친화력

199

언어의 위대함을
이해하기 위하여

외국어를 모르는 자는 모국어의 위대함도 알지 못한다. 언어란 단순히 사용하는 것만이 아니라, 배워야만 그 심오함을 이해할 수 있기 때문이다. 그리고 언어의 위대함을 이해하는 첫걸음은 외국의 낯선 언어를 배우려는 열의에서 시작한다.

◆ 예술과 고전

200

저속한 소설 속에도
'글자의 빛'은 있다

저속한 내용만 늘어놓은 소설은 존재 가치가 미미하지만, 그것을 탐닉하는 독자에 비하면 나름의 가치가 있다. 저속한 독자는 그저 어리석은 존재에 불과하다.

그러나 아무리 저속한 소설도, 소설이기에 글자로 엮어져 있다. 글자란 인간이 창조한 최고의 작품이기에 소설에도 반드시 '글자 자체의 빛'이 조금은 담겼을 것이다. 그 내용과는 상관없이.

◆ 유고

201

누구도 반박하지 않는 의견은
알맹이 없는 말일 뿐이다

아무리 정중히 설득한다고 해도 의견이나 주장을 피력하다 보면, 반드시 어딘가로부터 불평, 불만의 목소리가 나오기 마련이다. 이는 지극히 자연스러운 일이며 바람직하기까지 하다. 모두의 일률적인 지지를 받지 않기에 그 주장은 오히려 개성이 있고 유의미하다.

누구도 반론하지 않는 의견은 알맹이 없이 그저 단어를 나열해 놓은 것에 지나지 않는다.

◆ 예술과 고전

202

현명함이란
사려 깊음

진정으로 현명한 사람은 유혹에 흔들리거나 미혹되지 않는다. 욕망이나 감정에 취해 길을 벗어나는 일도 없다. 현명함이란 늘 냉정하고, 무엇에 대해서든 사려 깊게 살피는 태도다.

◆ 예술과 고전

203

거침없이 배우는
사람

무지하기에 거침없이, 순수하게 지식을 흡수할 수 있다. 어중간하게 아는 사람은 자신의 지식을 과신한다. 오만에 젖어 억측이나 의심, 편견에 사로잡힌다. 그리고 새로운 지식을 순수하게 받아들이지 못한다.

◆ 예술과 고전

204

무언가를 완벽하게
배울 수는 없다

무언가를 완벽하게 배우고 터득하기란 불가능하다. 우리가 사는 세상은 극도로 복잡하며 변화무쌍하기 때문이다. 맑을지 비가 올지 간단한 일기예보조차 완벽하게 맞힐 수 없듯이, 세상이 어떻게 변할지 누구도 절대적으로 정확하게 예측할 수 없다. 모든 것을 배웠다고 생각해도 이후에 분명 예기치 못한 새로움이 등장한다.

사람의 지혜란 이와 같은 세상의 변천에 이리저리 휘둘릴 따름이다.

◆ 빌헬름 마이스터

205

유연한 마음가짐이
필요하다

세상 어느 것도 하나의 의미 혹은 단면만을 지니지 않는다. 가령 어떤 것은 인간에게 도움이 되는 동시에 유해하기도 하다. 어떤 면에서는 명확한 메시지를 읽어낼 수 있지만, 다른 측면에서는 아무것도 읽을 수 없다. 예측대로 변하는 부분도 있는 한편, 납득할 수 없는 변화를 보이는 부분도 있다.

'이것은 이러이러한 것'이라 단정하면 반드시 모순에 부딪힌다. 무엇에 대해서든 유연하게 대응하는 마음가짐이 필요한 이유다.

◆ 빌헬름 마이스터

수확도 성장도
얻을 수 없는 말

어떤 논쟁에서든 삼가야 하는 말이 있다. 그것은 너무나 당연한 말, 누구도 반대할 리 없는 말, 누구든 찬성할 수밖에 없는 말이다.

논쟁은 상대의 의견에 반론을 제기하고 거기서 한 차원 높은 새로운 결론을 도출하는 것을 지향한다. 그런데 예의 그 빤한 내용을 꺼내어 놓는다면 '그건 그렇다.'라는 대답밖에는 듣지 못할 것이며 논쟁은 이뤄지지 않을 것이다. 서로 웃는 얼굴로 이야기를 마칠 수는 있겠지만 아무런 수확도 성장도 얻을 수 없다.

◆ 유고

207

배움에의 의지가
없으면

배움에의 의지가 없는 사람은 얕은 지식과 편협한 사고만으로 제멋대로 판단을 내린다. 상황에 따라 말과 태도를 바꾸고, 자의적인 판단에 갇혀 마음에 드는 상대의 겉모습만 흉내 낸다. 그것으로 자신은 '성장했다'며 으스댄다.

◆ 빌헬름 마이스터

208

점술의
효용

점술占術을 우습게 보지 말라. 그것은 '눈에 보이지 않는' 세상의 진실을 헤아리기 위한 기술이다. 점괘는 '이미 밝혀진 사실' 뒤에 숨은 '아직 밝혀지지 않은 진실'을 파헤친다. 현재의 모습에서 미래를 비추고, 이미 죽은 존재가 들려주는 '살아있는 생각'을 비춘다. 여기서 한 걸음 더 나아가 우리가 의미 있다고 믿는 것들이 실은 얼마나 무의미한지를 일깨워준다.

◆ 빌헬름 마이스터

209

정보의 의미와 한계를
이해한다

성실히 배우고 익힌 사람은 미래에 대한 점괘도 나름 좋은
충고로 삼을 수 있다. 그런 이는 점괘가 발산하는 정보의
의미와 한계를 제대로 이해한다. 반면에 무언가를 배우려
는 노력 없이 우매하기만 한 자는 점괘에 내포된 정보를 제
대로 해석할 수 없어 미래에 대한 불안감에 휩싸일 뿐이다.

◆ 빌헬름 마이스터

210

일상을 품은 말이야말로
'명언'이다

사람들은 고대의 위인들, 예컨대 소크라테스와 그의 제자들이 남긴 '명언'에는 세속적인 일상과 거리가 먼 고매한 의미가 담겨 있다고 여긴다.

그러나 그들도 우리와 다를 바 없는 보통의 하루를 살고, 흔하디흔한 생활의 문제를 최우선으로 생각했다. 그래서 그들의 말 역시 평범한 일상과 이어진다. 그렇기에 그 말들은 '명언'이 되었다.

◆ 빌헬름 마이스터

211

세상의 미래를
생각하는 사람

때로 세상은 어리석은 자는 고통스러워하는데 현명한 자
는 평온한 때가 있다. 혹은 어리석은 자는 느긋하게 지내는
데 현명한 자는 고통으로 몸부림치는 때가 있다. 어리석은
자는 오로지 당장의 자기 생활에만 관심을 두지만, 현명한
자는 모두가 함께 사는 세상의 미래를 언제나 생각하기 때
문이다.

◆ 유고

212

독서의
두 가지 목적

독서의 목적은 크게 두 가지로 나뉜다. 하나는 재미와 즐거움을 누리기 위한 독서. 다른 하나는 지식과 교양을 얻기 위한 독서다. 둘은 성격이 전혀 다르다. 전자는 책을 읽는 동안에 기쁨이 있고, 후자는 독서를 마친 뒤에 기쁨이 있다.

◆ 유고

213

책이 갖춰야 할
최소 조건

책이 갖춰야 하는 최소 조건은 일관성 있는 메시지가 담겨야 한다는 점이다. 부분적인 묘사나 서술이 제아무리 탁월할지언정 책을 완독한 독자가 '결국 저자는 무엇을 말하고 싶었던 것일까?' 하고 고개를 갸웃거린다면 책으로서 가치가 없는 것이다.

◆ 유고

214

가치를 알아보는
힘

어떤 대상에 담긴 의미를 생각하는 일은 대상의 외양을 인
식하는 일보다 흥미롭다. 그리고 의미를 생각하는 것보다
흥미로운 것은 그것이 지닌 가치를 깨닫는 일이다. 다만 가
치를 알아보는 힘은 예술을 사랑하고 이해하는 자에게만
주어진다.

◆ 유고

215

'이해가 부족하다'는
마음

무언가를 가장 잘 이해하는 사람은 '나는 아직 이해가 부족하다.'라고 느끼는 사람이다. 그는 적어도 대상이 얼마나 심오한지, 그 사실만은 분명히 이해하고 있다.

◆ 유고

216

맹목적으로 믿지 않는다
나름의 가치를 발견하라

아무것도 생각하지 않고, 이해하지 않고 그저 기도만으로 구원받을 수 있는 것이 종교라면, 그것은 노인에게나 적합할 것이다.

사고하고 이해하려 애쓰는 젊은이들에게 종교란, 종교가 아닌 문학이다. 처음부터 맹목적인 믿음을 쏟는 것이 아니라 알아가는 동안에 '자기 나름의 가치'를 발견하는 일이다.

◆ 유고

앎과 체험에
관하여

어떤 일이든 직접 맞닥뜨리기 전에 책으로 먼저 접한다면,
실제 대면했을 때 놀라움은 크지 않다. 생전 처음 보는 것
일지라도 '오래전부터 알았던' 것인 양 냉정히 받아들일 수
있다. 다만 그것이 행복한 일인지는 또 다른 이야기다.

◆ 파우스트

218

수수께끼를
해명하라

인간은 지금까지 무수히 많은 세상의 신비를 밝혀 왔지만
세상은 여전히 많은 수수께끼를 품고 있다. 하물며 더는
인간에 의해 밝혀지지 않으리라 다짐이라도 하듯 연합해
힘을 모으고 있는 것 같다. 그렇다면 인간도 그에 지지 않
을 기백이 그 무엇보다 필요하지 않겠는가.

◆ 파우스트

219

필요한 것은
바르게 전하는 것

연설하는 자는 어째서 저리도 과장하여 이야기하는 데 열을 올리는가. 정작 필요한 것은 '바르게' 전해지도록 말하는 것일 텐데.

♦ 파우스트

220

장미와
사과

장미꽃이 있다면 시를 지을 수 있다.

허나 사과는 기껏 씹는 것밖에는 할 수 없다.

◆ 파우스트

221

악마의 교활함을
간파하기 위해서는

인간을 속이고, 유혹하고, 영혼을 마비시키는 악마의 교활함은 노인의 지혜와 닮았다. 수많은 경험을 통해 교묘한 속임수들을 알고 있는 한편, 젊은이가 가진 순수함은 잃어버렸다. 고로 악마의 장난을 알아차리기 위해서는 이쪽도 연륜의 깊이를 더하는 수밖에 없다.

◆ 파우스트

222

현실을
직시하라

예나 지금이나 여기에 있다.

예나 지금이나 어리석은 채로.

이것으로 족하다고 생각하는가. 혹은 이래서는 안 된다고

생각하는가. 어느 쪽이 되었든 그것이 현실이다.

◆ 파우스트

223

인간이 지닌
최고의 힘

인간이 가진 최고의 힘은 사유하는 힘, 알고자 하는 힘
이다. 다만 그것은 모든 것을 이해하는 힘, 전부를 아는 힘
은 아니다. 그래서 악마는 인간을 얕잡아본다. '인간 따윈
미완의 나약한 존재'라며 비웃는다.

악마여, 마음껏 경멸하라. 그래도 인간은 살아가노라. 그
힘에 지탱하여서.

◆ 파우스트

224

책임 추궁과
문제 해결

문제의 원인을 밝히는 것보다 해결책을 찾는 것이 더 어렵다. 그런데 사람들은 편한 것을 좋아한다. 문제가 발생하면 책임자를 추궁하는 데만 열을 올리는 이유다.

◆ 파우스트

225

법도와 상식의
한계

법도라느니 상식이라느니, 세상이 규정한 틀 안에서만 사는 사람은 얼마나 가련한가. 진짜 삶을 위해 그런 것쯤 뛰어넘어도 좋으련만.

◆ 젊은 베르터의 고뇌

226

편견과
손잡지 말라

가난한 삶에서 벗어나고자 하는 결심은 나쁘지 않다. 다만
그리 마음먹은 이유가 '세상의 손가락질에서 벗어나고 싶
어서'라면 박수 쳐 줄 수 없다. 도리어 비난받아 마땅하다.
그것은 마치 싸우지 않고 적과 내통한 비겁한 병사와 다름
없다. 빈한한 이들을 편견의 눈으로 보는 자들과 맞서 싸
워야 함에도 불구하고 그 무리의 일원이 되려는 것이기에.

◆ 젊은 베르터의 고뇌

227

영리한 자의
충고

영리한 자는 세속의 기준에 맞춰 허울 좋은 행복을 어렵지 않게 손에 넣고, 그에 만족한다. 그는 불행이 갖는 진정한 의미를 이해하지 못한다.

그렇기에 영리한 자가 불행한 자에게 아무리 충고를 건넨다 한들 무용할 뿐이다. 마치 건강한 사람이 어떤 위로의 말을 하든 병든 이를 낫게 할 수 없는 것과 같다.

◆ 젊은 베르터의 고뇌

자연과 책에
감동하며 살라

상상력도 없고 자연의 장엄함과 숭고함에 감동하는 마음
도 없으며, 지식에 대한 동경이나 호기심도 없다. 심지어
책을 펼치면 머릿속 뇌가 거부해 구토감마저 느낀다. 이런
이들이 실제로 있는데, 그들은 그저 하루하루를 사는 것
밖에 떠올리지 못한다. 인생은 그저 같은 날의 반복에 지
나지 않고, 미래는 없는 것과 마찬가지다.

◆ 젊은 베르터의 고뇌

229

세상과 타협하지 않는
인간의 죄

세상의 시류에 영합하지 않고 자신의 인생을 걸어가는 사람은 주변의 눈총을 받는다. 사람들은 '오만하다, 건방지다, 대단한 사람인 양 으스댄다'라며 비난을 쏟아내고 그가 세상으로부터 외면받으면 크게 기뻐한다. '자, 보아라. 당연한 벌을 받았구나!'라며.

그러나 그 벌은 누가 내렸는가. 누구에게 그 벌을 내릴 권리가 있단 말인가.

◆ 젊은 베르터의 고뇌

230

성직자의
직무

자살한 이는 한밤중에 묻힌다. 그때 성직자는 동행하지 않는다. 그것을 '부당한 차별'이라 생각하지 않는 성직자를 성스러운 이라 말할 수 있는가.

◆ 젊은 베르터의 고뇌 ·

231

늘 기분 좋은 사람은
둔감하다

누군가가 악의를 품고 일을 꾸미고 있음을 감지했을 때 사람은 불편한 감정을 느낀다. 달리 말해 언제나 기분 좋은 사람은 둔감하다는 뜻이다.

◆ 토르콰토 타소

232

예술의 소리를
듣는다

시와 마주한 순간, 시의 목소리를 듣지 못하는 사람은 미
개함을 의심해 보라. 예술은 단지 존재하는 것만이 아니
라, 다가오는 이에게 말을 건네기 때문이다.

◆ 토르콰토 타소

233

소중한
세 가지

고귀하라.

친절하라.

선량하라.

◆ 신성

234

진실하고 솔직한
삶

최선의 삶을 사는 요령은 진솔함이다. 거짓을 말하지 않고 속이지 않는 것이다. 인생에서 불과 얼마 되지 않는 짧은 시간이라도 좋다. 진실함과 솔직함은 분량의 문제가 아니다. 잠시뿐일지라도 분명히 옳다.

◆ 서동시집

235

적을
과소평가하지 않는다

용감한 전사는 적을 두려워하지 않는다.

현명한 전사는 적을 얕잡아보지 않는다.

◆ 타우리스의 이피게니에

236

고귀함은
고귀함을 끌어당긴다

고귀한 사람은 고귀한 사람을 불러들인다.

고귀한 사람은 고귀한 사람을 존경하기에.

◆ 토르콰토 타소

JOHANN WOLFGANG VON GOETHE

X

사랑에
대하여

누구나 자신만의
사랑의 형태를 가진다

237

사랑을 모르는
인생이란

사랑을 모른다면 남에게 아첨하는 화술을 배우라. 적어도
그 정도는 익혀 두어야 세상을 살아갈 수 있다.

그래 봐야 어차피 사랑을 모르는 인생이란 그저 숨만 쉬고
있을 뿐인, 죽지만 않은 생에 지나지 않겠지만.

◆ 예술과 고전

238

아이를 행복하게 만드는 부모

훌륭한 어머니는 아버지가 세상을 떠났을 때 그의 역할도 해내는 사람이다. 한 명의 부모가 아버지와 어머니의 역할 모두를 수행한다는 것은 너무도 어려운 일이다. 그것이 가능한 부모라면 어떤 상황에서든 아이를 불행하게 만들지 않을 것이다.

◆ 빌헬름 마이스터

239

결점까지
사랑하는 일

사랑하는 이의 결점을 가리켜 '저런 점이 사랑스럽다.'라고
어여삐 여기지 못한다면, 진정한 사랑이라 할 수 없다.

◆ 유고

누구나 자신만의
사랑의 형태를 가진다

누구나 자신만의 사랑의 형태를 가진다. 그것이 비록 타인의 눈에는 이상하거나 무언가 결여되어 보일지라도 그들 자신이 긍정하고 만족하는 것이라면 사랑으로서 충분하다.

◆ 파우스트

241

사랑의
무모함

사랑하는 이와 손끝이 스치고 테이블 아래로 발끝이 조금
만 닿아도 온몸의 피가 일순 요동친다. 흡사 불길 속에 뛰
어든 듯 전신을 휘감는 열기에 저도 모르게 손을 거두어
버리지만, 이내 그 화염 속으로 뛰어들고 싶어진다.

◆ 젊은 베르터의 고뇌

242

젊은 남자를
신사로 만드는 것

젊은 남자를 훌륭한 신사로 성장케 하는 것은 사랑이다.

◆ 헤르만과 도로테아

243

사랑은
마음을 비춘다

사랑은 마음을 비추는 마법의 등불과 같다. 불 없이도 빛을 발하고 새하얀 벽에 갖가지 그림을 비춘다. 사랑하는 이의 무궁한 형상을.

◆ 젊은 베르터의 고뇌

244

인간으로서
성숙해질 기회

결혼은 목적지가 아니다. 인간으로서 성숙해질 기회다.

그 기회를 만들 것인지 말 것인지는 당사자의 마음에 달려

있다.

◆ 격언집

245

사랑하고
사랑받는다

사랑하고 사랑받는다.

그 순간 외치지 않을 수 없다. "신이여. 이 같은 지복至福이

또 어디에 있겠습니까!"

◆ 환영과 이별

246

조금 더
빛을

빛을……. 조금 더 빛을!

◆ 괴테 최후의 말

이 책은 괴테의 수많은 작품 가운데서도 특히 '인생을 어떻게 살아가야 하는가'를 다룬 명구 중에서 간결하고 명료한 것들을 선별해 소개했다. 괴테의 대표작인 《파우스트》와 《젊은 베르터의 고뇌》를 중심으로, 다수의 격언·경구가 수록된 《선택적 친화력Die Wahlverwandtschaften》, 《빌헬름 마이스터Wilhelm Meisters》(특히 편력 시대), 《예술과 고전Über Kunst und Altertum》, 유고 내에서 상당 부분 발췌했다. 그 외에도 《괴츠 폰 베를리힝겐》, 《토르콰토 타소Torquato Tasso》 등의 시적 작품과 《이탈리아 기행》, 《격언집》 등의 산문에서도 몇몇 구절을 발췌해 담았다.

또한 명구를 선출하는 데 많은 참고가 된 것은 다음의 오래된 두 권의 책이다.

- 《금언과 성찰》, 인젤사, 1907년
- 《4000개의 격언과 인용》, 랑겐샤이트사, 1989년

이 책에 실린 이백사십여 편의 글귀는 수많은 괴테의 말 중 극히 일부에 지나지 않지만, 이를 통해 18세기 후반부터 19세기 초를 살아가며 삶과 예술을 풍미한 위대한 문학가 괴테의 단면을 조금이나마 엿볼 수 있는 계기가 되기를 바란다.

가나모리 시게나리·나가오 다케시

Johann Wolfgang von Goethe

超譯
괴테의 말

2판 1쇄 2023년 12월 4일
2판 2쇄 2024년 4월 29일

지은이 요한 볼프강 폰 괴테
엮은이 가나모리 시게나리 · 나가오 다케시
옮긴이 박재현

발행인 김인태
발행처 삼호미디어

등록 1993년 10월 12일 제21-494호
주소 서울특별시 서초구 강남대로 545-21 거림빌딩 4층
www.samhomedia.com
전화 02-544-9456(영업부) | 02-544-9457(편집기획부)
팩스 02-512-3593

ISBN 978-89-7849-696-4 (03100)